Cheveu, parle-moi de moi
Le cheveu, « fil de l'âme »

MICHEL ODOUL
RÉMI PORTRAIT

Cheveu, parle-moi de moi

Le cheveu, « fil de l'âme »

Albin Michel

Ce livre est dédié à mes maîtres d'apprentissage, qui ont su me transmettre l'amour de ce beau métier :

Mme Yvonne Laurelut, cette grande artiste dont les mains me fascinaient. En la regardant travailler, tout paraissait magique et si simple.

M. Georges Templet, qui m'a transmis l'art de savoir utiliser et entretenir un rasoir. Je ferai tout pour qu'aujourd'hui cet instrument redevienne un outil à la mode, avec toutes les vibrations qu'il peut apporter en ce XXIe siècle.

Préface

La parure de la femme commence aux cheveux, à la fois prolongements de son corps et reflets de son être le plus intime, le plus profond.

Par ses cheveux et leur arrangement, c'est-à-dire la coiffure, la femme s'exprime tout entière : elle donne le sens de sa sensualité, indique son caractère et son rôle social avec l'aide de cet « air du temps » que nous appelons la mode.

Après cinquante ans d'expérience dans un métier qui est ma passion, je croyais connaître les cheveux – avec modestie car ils vous réservent toujours des surprises. Cette matière à la fois inerte et éternelle ressent les variations du corps (états de santé, médications) autant que les désordres de l'esprit. Cela nous cause, à nous coiffeurs, des cas de conscience quand on nous demande des transformations peu sages – que la femme qui nous regarde dans le miroir regrettera dès le lendemain.

Je m'étais fait une doctrine pour aider une femme à trouver son style en observant la forme de son visage, l'équilibre à rétablir, les traits à accentuer (si le moral suit), l'harmonie des couleurs entre cheveux, yeux et teint, en apprenant à connaître son mode de vie, le genre et la couleur de ses vêtements, en connaissant ses préférences en musique, en peinture, en sport... C'est si simportant de trouver son style, pour une femme (et aussi pour un homme)! Si on se trompe, on est mal à l'aise et on met les autres mal à l'aise car ils ressentent une fêlure. Si on le trouve, on gagne en éclat, on peut aller de l'avant, on est sécurisé.

Et puis, j'ai lu l'ouvrage de Rémi Portrait et Michel Odoul. J'ai vu alors s'élargir tout ce que je savais par expérience, j'ai vu s'ouvrir des portes dont je soupçonnais seulement l'importance. Des questions que je m'étais posées ont reçu une réponse. Je me suis senti enrichi; à partir du cheveu, c'est le corps et l'esprit, dans leurs interactions, qu'ils expliquent à la lumière de la philosophie orientale.

Après cette lecture, je comprends beaucoup mieux les femmes, les êtres humains en général, dans toute leur complexité. Du même coup, l'importance d'un style personnel m'apparaît encore plus grande. Un style qu'il faudra perfectionner en le faisant varier subtilement pour rester dans l'air du temps, mais sans essayer de changer, ou juste pour se persuader que le premier est le seul qui vous aille. Car Rémi Portrait et Michel Odoul ont raison : « Le cheveu dit tout. »

Maurice Franck
Président d'Intercoiffure Mondial.

AVERTISSEMENT

Tous les exemples cités dans ce livre sont réels. Cependant, pour des raisons d'anonymat, les personnes ne sont identifiées que par des prénoms qui ont eux-mêmes été modifiés. Toute ressemblance avec une personne ayant le même prénom et vivant la même situation est sans doute le signe que ce qui est écrit dans ce livre est juste, mais en aucun cas qu'il s'agit de cette personne-là.

Introduction

Il peut sembler surprenant, voire un peu loufoque, de demander à un cheveu de nous parler de nous-mêmes. Pourtant, si nous savions ! Cet « appendice » apparemment inerte et neutre de notre réalité physique est beaucoup plus vivant et parlant que nous ne l'imaginons. La police scientifique et une certaine médecine ne s'y sont pas trompées. Elles savent en effet « faire parler » nos cheveux et ceux-ci « se mettent d'ailleurs facilement à table » pour qui sait les interroger. Alimentation, rythme de vie, sexualité, stress, voire emploi du temps sont inscrits dans ces fils vivants et vibrants que sont nos cheveux.

Mais ce qu'ils peuvent nous dire va bien au-delà de ces indices qu'une analyse biochimique élaborée révèle. Nos cheveux sont aussi le baromètre de notre santé morale, psychologique, car ils vibrent à l'unisson de nos états d'âme et de nos traumatismes. Partie intégrante de notre réalité physique, nos cheveux ne peuvent être dissociés de nous-mêmes et de notre vie. Ils sont porteurs d'une symbolique inconsciente profonde qui remonte jusqu'à l'aube de l'humanité. Pour qui sait le décoder, chaque organe ou partie du corps parle très précisément de celui à qui il appartient. C'est aussi le cas de nos cheveux. Ils sont les fils qui nous relient, avec une finesse et une profondeur peu soupçonnées, à nous-mêmes, à notre vie, à nos mémoires, à notre histoire, à ce dont nous souffrons ou avons souffert il y a parfois très longtemps. Ils sont aussi des témoins implacables de nos modes de pensée et de vie et de l'usure que ceux-ci provoquent dans notre organisme.

Accepter cette idée peut nous permettre d'éviter ou de changer des comportements inadaptés, ou de comprendre quelle mémoire émotionnelle colore désagréablement et inconsciemment notre rapport à la vie. Le propos de cet ouvrage est de nous aider dans cette démarche de reconquête de nous-mêmes. Il s'appuie pour cela sur la compréhension orientale Yin/Yang des Énergies, associée à une expérience et une connaissance professionnelles du cheveu incomparables et novatrices.

Cheveu frisé, bouclé ou raide, long ou court, coiffures libres ou serrées, tenues ou dégagées, sont autant d'indices, de révélateurs de nous-mêmes. Notre psychologie profonde et nos comportements, nos peurs et nos envies, nos déceptions et nos blessures sont inscrits sur ce fil ténu et merveilleux qu'est le cheveu. Cette véritable mémoire sur laquelle s'enregistrent nos vécus fonctionne à deux niveaux. Elle inscrit, chaque jour et tout au long de la vie physiologique du cheveu, les comportements et les modes de vie. Cette inscription se « marque » sur le cheveu au niveau organique, et notamment dans des malformations, des carences ou des dégénérescences. Nous sommes ici au niveau du Yin. Mais elle mémorise aussi l'histoire et le vécu psychologique de l'individu depuis sa plus tendre enfance. C'est alors dans l'implantation ou la forme du cheveu et de la coiffure que se révélera cette mémoire. Nous sommes au niveau du Yang.

Le présent ouvrage vous propose de partir à la découverte de cette nouvelle lecture de notre « couronne capillaire » et de pouvoir effectivement dire « cheveu, parle-moi de moi ». Car c'est en faisant des liens entre toutes ces parties de nous-mêmes que la compréhension moderne a morcelées, séparées, que nous pourrons donner un sens à ce qui nous arrive. Nous pourrons alors tenter de le comprendre puis de le changer si nous le souhaitons.

Première partie

Ethnographie capillaire

La physiologie du cheveu
La coiffure et les cheveux dans l'Histoire
La symbolique des cheveux

La physiologie du cheveu

Le cheveu fait partie, avec les poils et les ongles, de ce que l'on appelle les « phanères ». Ces trois excrétions cutanées ont en commun qu'elles sont constituées par une protéine cutanée dure mais souple qui s'appelle la « kératine ». Cette kératine est elle-même constituée par des chaînes d'acides aminés, liées en fibres torsadées en forme d'hélice (comme l'ADN) et reliées entre elles par ce que l'on nomme des « ponts » soufrés, acido-basiques ou hydrogénés. Ce sont ces ponts qui ont la charge de la cohésion des « tuiles » de kératine qui composent le cheveu et assurent ainsi sa tenue. Les produits utilisés pour les permanentes agissent sur ces mêmes ponts en les rompant et permettent ainsi de « changer » la structure et la forme du cheveu.

Comme les poils et les ongles, les cheveux ont principalement un rôle de protection. Ils protègent la boîte crânienne des chocs, qu'ils soient physiques ou thermiques. Mais dans toutes les cultures du monde, ils ont aussi été utilisés comme parure et comme outil de séduction, plus particulièrement par les femmes.

Cependant, malgré ces points communs, il faut se rappeler qu'en énergétique, leur source est très différente bien que complémentaire. Le cheveu dépend en effet de l'Énergie des Reins, alors que les poils dépendent de celle des Poumons et les ongles de celle du Foie. Cela se trouve confirmé par les études physiologiques actuelles. En tant qu'émonctoire « secondaire et accessoire », le cheveu a besoin que cet émonctoire principal qu'est le rein fonctionne bien. À son tour, celui-ci a besoin du poumon pour bien jouer son rôle. En effet, une bonne oxygénation est essentielle pour faire « exploser » les toxines contenues dans le sang, permettant ainsi de diminuer leur taille. Ce n'est qu'à partir de ce moment-là qu'elles peuvent être éliminées par le rein, pour lequel elles sont « naturellement trop grosses ». Nous pouvons saisir à quel point l'hygiène générale de vie, qu'elle soit alimentaire ou respiratoire, agit sur la santé du cheveu. Mais l'hygiène morale ou plutôt psychologique est aussi essentielle à la santé du cheveu. Il dépend en effet beaucoup du système hormonal, qui est en relation très étroite avec nos émotions mais aussi nos comportements généraux. C'est, par exemple, la présence excessive d'hormones mâles qui est à la base de la calvitie. Or il est assez intéressant de réfléchir un peu à ce qui se passe de nos jours. L'alopécie (chute des cheveux) était, jusqu'à nos jours, un problème qui touchait principalement, voire exclusivement, les hommes. Depuis la « libération » des femmes, celles-ci travaillent, vivent et se comportent comme des hommes et sont maintenant quasiment autant touchées qu'eux par les problèmes de chute des cheveux. Un hasard sans doute... vite balayé par la compréhension énergétique du phénomène.

Apparaissant dès le septième mois de la vie, le cheveu pousse, vit et meurt tout au long de la vie en trois phases bien distinctes. La phase de pousse à proprement parler est la phase anagène qui dure selon les individus de trois à sept ans. Vient ensuite une seconde phase, dite catagène, qui dure environ trois semaines et qui est une période de régression du cheveu pendant laquelle l'activité du follicule pileux s'arrête. Puis le cheveu meurt et nous entrons dans la phase télogène, qui dure de trois à six mois, où le cheveu mort est « chassé » par un nouveau cheveu qui démarre sa phase anagène. Cela nous permet de comprendre pourquoi, quand un cheveu tombe, sa mort remonte à un minimum de trois mois et que nous devons en rechercher les causes à cette époque et non dans l'instant.

La pousse des cheveux se fait sur le crâne, autour de zones concentriques ayant des formes de galaxies capillaires, qui s'appellent les épis. Il y a des épis dits « héréditaires » très difficiles à modifier et des épis propres à chacun dont l'implantation et la direction peuvent être changées. Amarré dans une dépression de la peau par sa racine, le cheveu est nourri par tout un système vasculaire très fin. Il est tenu et érigé par un petit muscle dit « arrecteur » et graissé par une glande proche dite « sébacée » car elle sécrète le sébum. Le fonctionnement harmonieux de cette glande va déterminer la qualité « sèche, grasse ou normale » du cheveu. C'est à partir de la racine que le cheveu pousse par « strates » successives où la kératine se présente sous forme d'écailles liées entre elles par les « ponts kératiniques » dont nous parlions précédemment. Selon la forme de la matrice cutanée à travers laquelle émerge le cheveu, celui-ci va prendre une forme qui lui est propre et qui appartient aux trois grands types de l'humanité. Tous les cheveux sont en effet « ronds » au départ de la racine, puis ils sont formés à leur sortie par cette matrice. Si celle-ci est ronde, le cheveu est raide et de type « asiatique ». Lorsqu'elle est ovale, le cheveu est souple et de type « européen ». Enfin, lorsqu'elle est ovoïde, celui-ci est crêpé et de type « négroïde ». Nous pouvons donc aller jusqu'à dire que, selon sa forme, la matrice « accouche » d'un cheveu de type européen, asiatique ou négroïde.

La couleur du cheveu dépend quant à elle d'un pigment

naturel de la peau qui s'appelle la mélanine. Ce pigment est à la base du phénomène malheureusement tant recherché du bronzage, mais aussi de celui de la coloration du cheveu. Il existe cinq couleurs « naturelles » qui sont le noir, le brun, le châtain, le roux et le blond, et deux « couleurs » liées à la moindre pigmentation qui sont le gris et le blanc. Ces différentes colorations sont obtenues par le mélange de deux pigments de base : un « brun-roux » et un jaune. Avec l'âge ou en raison de certains facteurs hormonaux ou héréditaires, la quantité et la proportion de ces pigments diminuent et provoquent le « blanchiment » du cheveu.

La coiffure et les cheveux dans l'Histoire

Dans la Grèce antique, les héros ont de beaux visages et des boucles d'or flottant sur leurs épaules. Dans *L'Iliade*, ils sont toujours décrits avec une abondante chevelure et, de fait, dans toute l'histoire de la Grèce, les héros, les déesses et les épouses ont porté de belles chevelures. Blondes et abondantes, elles s'apparentaient aux rayons du soleil et avaient une connotation de charme, voire d'érotisme, non négligeable. L'usage voulait d'ailleurs qu'au jour du mariage on consacre sa chevelure aux dieux. On sait également que les prêtres de la ville d'Éleusis, qui se consacraient au culte de Déméter, portaient des cheveux longs et non attachés. Ils devaient les agiter vigoureusement en dansant lors des cérémonies dédiées à la déesse-mère Cybèle. Si l'un d'entre eux quittait ce service divin, il devait lui faire offrande de ses cheveux avant son départ. À l'instant de la mort des héros, les pleureuses s'arrachaient aussi les cheveux en signe de douleur et de deuil.

Pour les Romains aussi, le siège de la vie se trouve dans les cheveux, et le cheveu coupé ou arraché indique de façon tangible que l'arrêt de mort du héros ou de la victime à immoler vient d'être signé. Les empereurs romains, se prenant pour des dieux descendus au milieu des humains, aimaient à être coiffés de la manière dont les dieux sont représentés. Le sanguinaire Caracalla « s'adore en dieu Alexandre-Hélios ». Le fils de Marc Aurèle, l'empereur Commode, qui ne l'est d'ailleurs pas du tout au quotidien, s'affiche avec une chevelure d'un blond ardent (premières teintures), et le célèbre Gallien n'hésite pas à répandre de la poudre d'or sur ses cheveux.

Cependant, ce goût de luxe pour la chevelure est un exemple pour le peuple, et l'attention portée à la toilette des cheveux permet le développement des « tonsors ». Ces coiffeurs romains travaillent à demeure dans les riches maisons, mais il existe aussi énormément de tonsors qui ouvrent boutique, voire travaillent directement dans les rues. Coupe et frisure des cheveux, coupe et rasage de la barbe sont les activités essentielles de ces tonsors dont la tâche n'est pas facilitée par la grossièreté de leurs outils. Il est intéressant de noter que, très rapidement, ces nombreuses boutiques deviennent aussi des lieux de rencontres très prisés car on y parle beaucoup et tous les potins de la ville y sont échangés. On peut voir à ce fait anodin à quel point le sens profond du travail sur le cheveu existe et libère les mémoires de l'individu, lui donnant une envie forte de s'exprimer.

Chez les Romains, le port des cheveux courts et de la barbe rasée a existé très longtemps. Cependant, la calvitie y était considérée comme une véritable ignominie. Ovide écrit ainsi en parlant de celle du grand César : « Honteux est le troupeau dépouillé de sa toison, le champ sans verdure, la futaie sans feuillage, la tête sans cheveux... » La gêne de cette calvitie a été à l'origine de la demande de César d'avoir le droit de porter en permanence sa couronne de laurier, ce qui n'était normalement possible que pour les triomphes. Tant que durèrent les conquêtes, les Romains furent peu influencés dans leur chevelure par les peuples extérieurs. Ce n'est qu'après l'établissement d'un calme relatif dans le Bassin méditerranéen qu'ils se laissèrent aller à porter plus d'attention à leur toilette capillaire.

Les Romaines aussi se pomponnent. Généralement brunes, elles aiment teindre leurs cheveux en blond pour ressembler aux Gauloises dont les opulentes chevelures ont impressionné les Romains. Elles portent le chignon (*tubulus*), le catogan ou des nattes enroulées en bourrelets sur le front. L'influence des modes a été à double sens car, de leur côté, les Gaulois ont adopté une coupe mi-courte dite « à la romaine ». Les femmes gauloises, qui portent généralement des coiffures simples avec chignon, se laissent séduire par les frisures, les nattes et même les faux cheveux qui viennent de Rome. Les Romaines, quant à elles, adoptent une couleur « blond-roux » qu'elles obtiennent selon un procédé gaulois qui est un mélange de sapo-cendres de hêtre et de graisse de chèvre. À leur tour, les Germains vont copier les Gaulois et développer la fabrication et le commerce de cette teinture avec Rome et les provinces romaines.

Durant les premiers siècles de la chrétienté, les coiffures évoluent peu, mais, en revanche, un certain relâchement des mœurs conduit l'Église à réagir. Elle le fait notamment au sujet des cheveux et de la coiffure, comme nous le montre ce commentaire de Tertullien (apologiste chrétien du IIIe siècle) : « Quel profit croyez-vous tirer pour votre salut de tant de soins prodigués à votre coiffure ? À quoi bon ce tourment perpétuel infligé à vos cheveux que vous tirez en bas, que vous tirez en haut, que vous couchez à plat ? Tandis que les uns se plaisent à former des frisures, les autres les lâchent avec une négligence affectée pour qu'ils se promènent sur le cou et voltigent au vent. Il y a encore ces énormités que je ne sais de quel nom appeler (*nda* : le mot « perruque » n'existe pas encore), ces ouvrages cousus ou tissés en forme de chevelure qui, tantôt se mettent comme un couvercle sur le crâne, tantôt se rejettent en arrière pour couvrir la nuque. » Le cheveu se pare alors, aussi bien pour les hommes que pour les femmes, d'ornements divers, de diadèmes d'orfèvrerie, de voiles de linon transparent brodés de vives couleurs.

Le Moyen Âge voit arriver les notions d'hygiène, et de nombreux traités en vigueur recommandent la propreté aux femmes. Les consignes vont aussi vers l'entretien de la chevelure que l'on doit laver fréquemment et bien coiffer. Nos musées conservent de cette époque de très beaux modèles de peignes en ivoire, en os ou en buis. Des traités de beauté, comme le célèbre *Ornatus mulierum* (ornement des dames), sont écrits et fournissent mille et une recettes dont celle, par exemple, pour épaissir les cheveux.

Aux temps féodaux, la femme idéale est gracieuse et souple. Les tapisseries de l'époque, dont la célèbre « Dame à la licorne » que l'on peut admirer au musée de Cluny, nous livrent une image de cette femme au teint clair et à la chevelure blonde. Au xve siècle, la mode de la coiffure passe par le hennin à une ou deux cornes. Il est en toile, en satin, en velours ou en taffetas et emprisonne totalement les cheveux. Ce hennin, du néerlandais « henninck » qui signifie « coq », ne se porte que lorsque la dame sort de ses appartements privés.

Les xviie et xviiie siècles voient les hommes porter les cheveux longs comme cela se faisait au Moyen Âge, mais, sous les règnes de Louis XIV et Louis XV, la mode nouvelle de la perruque s'installe. Cette mode est principalement initiée par la calvitie naissante de Louis XIV qui ne peut accepter de voir son crâne royal se dégarnir. La perruque est aussi à l'ordre du jour pour les femmes. Le paroxysme est atteint avec la reine Marie-Antoinette et son célèbre coiffeur Léonard. Celui-ci l'entraîne dans des excentricités où les dames de la cour la suivent aussitôt, à tel point que l'une d'elles va jusqu'à faire la remarque que « chez les dames de taille moyenne, le menton est exactement entre les souliers et le sommet de la coiffure ». On assiste alors à une surenchère d'ornements à poser dans ces montagnes pileuses. On affiche son humeur du jour avec une coiffure « à la sentiment » par exemple. Des fleurs piquées en jardin s'appellent « à la Flore », des fruits « à la Pomone » et des épis de blé « à la Cérès ». Le culturel n'est pas oublié car il y a des coiffures « à la Figaro », « au caprice de Voltaire », etc.

Ces extravagances de toutes sortes, dont la reine Marie-Antoinette fut l'une des instigatrices les plus en vue, n'ont pas tardé à séduire la noblesse à l'étranger, où toutes ces coiffures portent des noms français. Quel contraste, en tout cas, entre cette reine aux coiffures délirantes et celle dont les cheveux blanchirent en une seule nuit !

Coiffures extravagantes « à thème »

La Révolution française va tenter avec quelques difficultés de changer les mœurs capillaires, notamment en matière de perruques poudrées. Elle va jusqu'à les interdire le 10 août 1792 au nom de l'égalité des apparences. Il est vrai que la tendance générale est à la simplification de la tenue vestimentaire, mais les habitudes ont la vie dure. En effet, même le plus intransigeant et le plus radical des révolutionnaires que fut Robespierre garda sa perruque jusqu'à sa mort en 1794. Cependant, de la Révolution au Directoire, la terreur disparaît et un vent de liberté mondaine souffle à nouveau. Les cheveux se raccourcissent, tant pour les femmes que pour les hommes. La tendance à la mode est la coiffure « à la Titus », aux cheveux coiffés court et avec des mèches légèrement bouclées, dont le style a été lancé par le grand acteur de l'époque, Talma, lors de son interprétation du rôle de Titus sur scène. À titre anecdotique, mais en relation directe avec le sens inconscient du cheveu, il est intéressant de noter que la mode des coiffures « à la romaine » apparaît juste à l'époque qui va amener un empereur en France...

Cette époque a aussi, comme toutes les périodes de transition, ses zazous, qui s'appellent alors les « Merveilleuses » et les « Incroyables ». Cheveux courts et bouclés, associés à des tenues vestimentaires excentriques à souhait, ces zazous de l'époque provoquent à loisir les salons mondains et y sont la représentation d'une société qui se cherche encore.

L'Empire napoléonien entérine la mode « antique » des cheveux à la romaine, courts et à mèches, même si dans les armées, qui demeurent plus traditionalistes, ils restent longs ou perruqués. Cependant, la société masculine regrette le raccourcissement des cheveux féminins. On voit alors émerger des idées et des écrits accusant les cheveux courts chez les femmes d'être non seulement inesthétiques, mais aussi porteurs de risques pour la santé. Crainte pour cela ou effet de mode, le cheveu féminin repousse et les chignons font leur apparition. La Restauration voit la confirmation du cheveu court et des favoris pour les hommes, dont les dandys de l'époque sont la plus flagrante représentation. Chez les femmes, le cheveu s'allonge et se coiffe en chignon ou avec des « coques », sortes de grosses boucles roulées et rehaussées sur le haut de la tête ou sur les côtés.

Les nouvelles monarchies amènent leur vague de « papillotes » qui permettent de donner à la coiffure, des hommes comme des femmes, des mèches fines et savamment ondulées. La fin du XIXe siècle voit les hommes revenir à une coupe plus naturelle et assez proche de celle de la première moitié du XXe siècle. Le cheveu court mais pas rasé est souvent coiffé avec une raie latérale, alors que les favoris perdurent et traversent sans changer toute la période du Directoire jusqu'au début du XXe siècle. Seule l'époque romantique aura amené un peu d'air dans les cheveux masculins et féminins, comme ce sera le cas lors de la deuxième grande période romantique moderne du « peace and love » de la jeunesse de nos années 1970. Les coiffures féminines retrouvent à la fois naturel et sophistication, mais nous sommes bien loin des excentricités de la fin du XVIIIe et du début du XIXe siècle.

Le début du XXe siècle ne voit pas de grandes évolutions dans la coiffure, notamment du fait de la mode des chapeaux. En effet, jusqu'à la fin de la Première Guerre mondiale, le port du chapeau, tant pour les hommes que pour les femmes, est quasiment obligatoire à l'extérieur du domicile. Or c'est cet extérieur qui a toujours justifié l'attention portée à la coiffure. De plus, l'évolution sociale de la femme commence à marquer sa coiffure et à la diriger vers plus de simplicité, du côté pratique. Cette tendance se renforcera entre les deux guerres, puis après la dernière guerre. La volonté de libération des femmes, l'accès naissant au monde du travail, mais aussi l'évolution des loisirs (plage, bicyclette, tennis, etc.) rendent cette tendance irréversible et bannissent à jamais les coiffures compliquées à réaliser et à porter. La libération de la femme s'accompagne d'une libération de sa chevelure, tant dans la coiffure (cheveux longs, libres et relâchés) que dans la longueur (coupe à la garçonne, cheveux courts). La perruque existe encore un peu mais elle est un accessoire très épisodique, à vocation de prothèse (maladies ou traitements qui font tomber les cheveux) ou de postiche exceptionnel pour des coiffures et des situations particulières (défilés de mode, représentation mondaine, etc.).

Le XXe siècle aura vu également l'industrialisation du monde de la coiffure et des coiffeurs. La chimie devient un outil essentiel dans le travail du cheveu et le diktat de certains coiffeurs se fait jour. Il nous montre comment un moyen d'individualisation comme la coiffure peut devenir un moyen de soumission et de dilution de soi dans la masse des coupes franchisées, stéréotypées, normalisées. Le monde du cheveu a souvent été celui de tous les excès. Nous sortons doucement de celui de la chimie capillaire et de la normalisation industrielle. Les soins apportés aux cheveux redeviennent naturels, et de plus en plus de produits sont proposés dans ce sens. De plus en plus de coiffeurs ne se satisfont plus du travail à la chaîne et de la robotisation de leurs techniques. Une nouvelle vague de coiffeurs plus holistiques ne peut qu'émerger aujourd'hui et c'est ce que je cherche à faire. Leur vision du cheveu et de la coiffure comme expression de l'être est juste. C'est elle qui va permettre à ceux qui le souhaitent de mieux se connaître, et je dirais même se reconnaître, à travers le travail fait sur leurs cheveux par ce véritable thérapeute du quotidien que peut être un coiffeur.

La symbolique des cheveux

Symbolique générale

Véritable couronne capillaire, la chevelure habille le crâne, protège le cerveau et décore la tête. Poussant depuis cette tête, le cheveu possède un rapport symbolique fort avec celui qui le porte. Cela est tellement vrai qu'en toute époque il a servi de relique ou de support de représentation de celui qui l'avait porté. Reliques de saints, mèches de cheveux d'enfants, outils de guérison ou de magie, ces quelques brins de kératine sont un symbole fort de l'être humain. Ils portent en eux un peu de l'âme ou des mémoires de celui à qui ils ont appartenu.

Le cheveu a une symbolique profonde double. Il est à la fois nos racines, car il porte nos mémoires, et l'antenne qui nous relie au ciel. Dans les deux cas, il est le « fil de notre âme ». Il est une projection de nous-mêmes, de nos idées, de nos pensées et de notre personnalité, à tel point que son coiffage est à l'image de celles-ci. Nous verrons au fur et à mesure de cet ouvrage combien, en coiffant ses cheveux, c'est-à-dire en les ordonnant, on ordonne aussi sa personnalité, voire son âme. Nous verrons aussi que couper ses cheveux, c'est couper ses idées ou ses pensées. Cela permet de les socialiser, de leur donner des limites définies en fonction de l'environnement social et de correspondre ainsi aux faits de mode, aux lois ou habitudes du biotope dans lequel nous vivons. Nous verrons enfin que cette coupe permet parfois, aussi, de soumettre ou de se soumettre consciemment ou non.

Végétation du crâne, de la tête, le cheveu sert de lien avec le ciel, avec le céleste. Véritable « fil de l'âme », c'est une antenne énergétique qui capte les niveaux vibratoires fins de notre univers, nous branche avec le divin et participe à l'intuition et à la sensibilité artistique. De tous temps d'ailleurs, les artistes, les médiums ou les mystiques séculiers, c'est-à-dire libres de toute attache à un ordre religieux, ont eu les cheveux longs. Ces antennes divines leur sont essentielles pour pouvoir capter ces fins messages invisibles dont ils se nourrissent et dont ils nourrissent leurs œuvres, leurs méditations ou leurs prières.

Cependant, comme tout filtre, le cheveu peut également capter des impuretés matérielles (poussières, suie, pollens, pollution, etc.) ou immatérielles (pensées négatives, vibrations lourdes ou malveillantes, etc.). Rappelons-nous ici ce proverbe chinois qui nous dit : « *Si vous ne pouvez empêcher les oiseaux de malheur de voler au-dessus de votre tête, au moins pouvez-vous les empêcher de nicher dans vos cheveux.* » Son lavage est donc un acte noble qui, en le purifiant, purifie l'âme, la nettoie de tout ce qui pourrait la salir ou la polluer. En lavant la tête et les cheveux du nouveau-né, le baptême le lave ainsi du péché originel, de la faute contenue dans les mémoires de son âme et de ses cheveux.

Le lavage du cheveu purifie l'âme alors que le coiffage la forme, la module, la canalise. La coupe, quant à elle, structure cette âme et la limite. Cette limitation se fait dans le sens positif lorsqu'elle est destinée à donner des limites à respecter aux cheveux et à la manière avec laquelle ils représentent l'âme. La coupe et la coiffure deviennent alors des outils de construction, voire de travail sur soi-même, et des signes d'adaptation au milieu environnant. La sophistication de la coiffure peut devenir dans ce cas une marque de raffinement social très poussée. Elles peuvent, en revanche, être aussi des moyens négatifs lorsqu'elles sont destinées à enlever au cheveu une partie de sa dimension et de sa liberté pour mieux soumettre l'individu. Nous verrons ultérieurement comment c'est parfois le cas, mais nous pouvons déjà saisir ici à quel point sa coupe n'est pas anodine et à quel point il est bon de ne pas confier sa chevelure à n'importe quel « ouvrier ».

Symbole de l'être, de son essence et de son âme, le cheveu est une projection de l'inconscient personnel mais aussi de l'inconscient collectif. Phénomènes de mode, d'époque ou de croyance, sa coupe et son coiffage témoignent très précisément, comme nous avons pu le voir dans la partie sur l'Histoire, de ce qui se passe alors. Et les coiffures d'une jeunesse pleine d'espoir, comme ce fut le cas au début des années 1970, ne sont pas les mêmes que celles d'une jeunesse qui doute ou qui a peur du lendemain, comme c'est le cas de nos jours, sans parler de celles d'une jeunesse qui se révolte ou qui rejette la société. Projection de l'inconscient, le cheveu est, comme ce dernier, très lié à la lune, au point même que sa pousse a des relations très profondes avec les cycles de celle-ci. Selon le résultat souhaité, la coupe devra se faire à des moments précis de ce cycle. Les jardiniers, les forestiers ou les agriculteurs qui n'ont pas perdu la sagesse traditionnelle le savent bien pour les semis, les plantations, les tailles ou les abattages. Or, le cheveu est la végétation de notre crâne.

Cette relation profonde avec l'essence de l'être et son inconscient nous permet de comprendre pourquoi la symbolique du cheveu est, sur certains points, profondément différente entre les hommes et les femmes. La femme est énergétiquement de nature Yin alors que l'homme est de nature Yang. Nous aurons l'occasion de revenir sur ces concepts dans le chapitre sur l'énergétique capillaire. Résumons simplement les caractéristiques propres à chacun. Le Yin représente le féminin, ce qui est intérieur, réceptif, qui accueille et qui séduit, alors que le Yang représente le masculin, ce qui est extérieur, qui exprime et qui conquiert. Le Yin est concerné par la beauté, la passivité, la féminité, la création, alors que le Yang est concerné par la force, l'activité, la virilité, l'initiation. La représentation inconsciente du cheveu coïncide complètement avec cette symbolique et, tout en étant en partie commune comme projection de l'âme, de l'inconscient individuel et collectif, elle prend une signification propre pour chaque sexe.

La symbolique féminine

Les cheveux de la femme représentent donc sa dimension Yin. Ils sont sa parure, son signe de beauté et de disponibilité, son élément de séduction, et ils participent à sa sensibilité. Depuis les temps les plus reculés, la chevelure féminine a été un objet de culte esthétique, voire religieux. La mythologie grecque ne tarit pas de descriptions détaillées des chevelures luxuriantes et opulentes des déesses comme Aphrodite, la célèbre Ariane ou la non moins célèbre Vénus, mais aussi des belles jeunes filles ou épouses comme Bérénice, qui sacrifie un peu de ses cheveux pour que son époux revienne sain et sauf de la guerre. Toutes les Grâces de l'An-

Femme grecque

tiquité sont représentées avec de belles chevelures, amples et flottantes, dont le rôle est souvent de cacher, de couvrir une certaine nudité. L'idée de parure est poussée ici à son extrême, puisqu'elle devient vêtement de la nudité et par conséquent de l'intimité, voire de l'âme. C'est dans ce sens que s'exprime Théophile Gautier dans son œuvre *Carmen* lorsqu'il écrit :

> *« Les femmes disent qu'elle est laide*
> *Mais tous les hommes en sont fous,*
> *Car sur sa nuque d'ambre fauve*
> *Se tord un énorme chignon*
> *Qui, dénoué, fait dans l'alcôve*
> *Une mante à son corps mignon... »*

Dénoué, porté lâche et flottant, le cheveu est un signe de liberté ou de disponibilité de la femme dans de nombreuses cultures. En revanche, on l'attache, on le noue, voire on le cache, dès que celle-ci est mariée ou n'est plus libre parce qu'elle se consacre à une tâche ou à une vocation qui lui demande sa disponibilité (vœux religieux, ordres monastiques ou communautaires, coutumes sociales ou locales, etc.). Certaines femmes juives très pieuses allaient (et vont encore parfois) plus loin puisque, en signe de piété religieuse, elles se rasent le crâne et portent une perruque. Symbole de liberté et d'indépendance, organe de la beauté féminine mais aussi masculine, le cheveu est très vite suspect dans les religions ou plutôt dans les Églises manichéennes. Ces structures temporelles, articulées autour d'une notion simpliste du bien et du mal, l'ont longtemps soupçonné et même accusé d'être, en tant qu'objet de séduction, un facteur de péché et de perte des âmes. Juifs, musulmans et chrétiens, pour une fois, se sont totalement accordés sur ce sujet, au point que le concile de Constantinople, en 692, menaça d'excommunion toute personne qui se bouclerait ou se teindrait les cheveux. Ces menaces durèrent jusqu'au XVIe siècle mais d'autres interdits persistent encore aujourd'hui. Certaines cultures, entre autres la culture musulmane, imposèrent le port d'un foulard, parfois tristement célèbre de nos jours, afin de cacher cet objet du désir qu'est la chevelure féminine, dont la vue devait rester réservée à l'intimité du couple ou de la famille.

Pour entrer dans les temples, les synagogues et même certaines églises, les pratiquants doivent d'ailleurs encore bien souvent se couvrir la tête. Il semble cependant que toutes ces règles restrictives étaient plus dues à une volonté de soumission et de pouvoir de ces églises temporelles qu'à une vérité perçue sur le cheveu.

De tout temps, les femmes ont porté des cheveux longs, coiffés, noués ou peignés mais toujours d'une longueur certaine. En revanche, dans toutes les époques où elles voulurent conquérir leur liberté ou leur indépendance, les femmes, notamment modernes, ont coupé leurs cheveux. Elles les ont raccourcis pour montrer leur liberté par rapport au schéma social habituel. En les coupant, elles coupaient leurs « racines », leurs mémoires archétypales anciennes qui faisaient d'elles des êtres de séduction, désirables mais souvent ressentis comme « objetisés » et sans autonomie. En raccourcissant leurs cheveux, elles masculinisèrent leur coiffure, voulant parfois ainsi conquérir leur égalité avec les hommes. Mais dans tous les cas, elles cherchaient à rejeter une condition passive et une image sociale d'infériorité mal acceptée et devenue insupportable dans notre époque moderne. Le même processus de libération s'est manifesté au Moyen-Orient chez les femmes, jeunes et moins jeunes, qui se sont mises à ne plus porter le foulard. Cette évolution s'est faite surtout à partir des années 1970, même si certaines femmes montrèrent le chemin dès la fin du XIXe siècle, et parallèlement à une évolution sociale et professionnelle similaire. Cependant, cette conquête d'une égalité apparente qui se construisait sur une attitude de réaction par rapport à un ordre ou des coutumes établis, jugés désuets ou excessifs, s'est accompagnée parfois de la conquête des défauts des hommes. Jamais les femmes n'ont autant été touchées par la chute, voire la perte totale des cheveux, que depuis qu'elles se sont libérées. Car cette conquête s'est accompagnée de celle des stress et des tensions des hommes et, par conséquent, d'un certain nombre de leurs pathologies et déséquilibres. Oserions-nous dire qu'en voulant trop devenir Yang, elles perdent de leur âme, et qu'en se masculinisant, elles perdent de leur sensibilité ? Nous ne nous avancerons pas sur ce terrain miné et nous contenterons de suggérer la réflexion à ce sujet, notamment en se référant aux causes de la calvitie et de la chute des cheveux. Cela ne signifie pas pour autant que toute femme doive porter les cheveux longs. En revanche, chaque coiffure doit être adaptée en forme et en taille à celui ou celle qui la porte. Nous pouvons envisager à nouveau combien les faits de mode systématiques sont dommageables à l'individualisation équilibrée de l'être. Le rôle de conseil et même de véritable thérapeute du coiffeur n'en est que plus important. C'est lui, en effet, qui peut aider dans la définition juste de l'adéquation personnalité/coiffure. Il saura donner du Yang à une femme trop Yin, redonner du Yin à une femme trop Yang, et pourquoi pas aussi à un homme trop Yang. Cependant, cette capacité ne peut que s'appuyer sur une connaissance approfondie du cheveu et de la psychologie, et ne peut s'accommoder des coupes « à la chaîne » ou stéréotypées.

La symbolique masculine

En ce qui concerne l'homme, la symbolique des cheveux est bien différente. Elle ne représente plus le charme, la

Homme grec

beauté, la séduction ou la sensibilité, mais l'aspect Yang des Énergies associées au masculin. Ils deviennent alors les projections de sa force, de sa virilité, de sa puissance et de sa capacité à agir. Il suffit de se rappeler l'histoire de Samson, cet ancien juge des Hébreux dont la force et la puissance résidaient dans les cheveux. À force de subterfuges, son épouse Dalila découvrit son secret et, une nuit, pendant son sommeil, lui rasa le crâne. La coupe de ses cheveux le laissa sans force et sans défense et elle put ainsi le livrer aux Philistins qui voulaient s'emparer de lui depuis longtemps. Cependant, ses cheveux repoussèrent pendant sa captivité, son esclavage (cheveux coupés = soumission), jusqu'au jour où il sentit que, grâce à leur longueur, sa force et sa puissance lui étaient revenues. Il se plaça alors entre deux piliers du temple où il servait et, en les écartant avec ses bras, il fit s'écrouler le bâtiment sur les Philistins.

Cette image de force et de puissance permet de comprendre à quel point la coupe du cheveu a toujours été un symbole fort de soumission, d'humilité, voire d'humiliation. Les peuples nord-amérindiens considéraient le scalp comme

le trophée suprême. Chez les Grecs, faire don de sa chevelure aux dieux représentait l'offrande idéale.

Pendant très longtemps, la chevelure a été l'emblème des
guerriers et des rois. Gaulois, Vikings, Mongols y voyaient
un signe de virilité, de force et de liberté. Galoper les cheveux au vent représente encore dans certains peuples l'in-
signe le plus grand de l'état d'homme libre. Ce n'est que
dans nos sociétés modernes à la pensée dualiste qu'une
longue chevelure chez un homme a été considérée péjora-
tivement comme un signe de féminité, d'absence de virilité.
Les Romains qui envahirent la Gaule furent toujours très
envieux des chevelures gauloises, à tel point que la Gaule
fut appelée « *Gallia comata* », c'est-à-dire « Gaule cheve-
lue ». Il fut toute une époque où seuls les rois étaient auto-
risés à porter les cheveux longs. Ceux-ci étaient alors le symbole même de leur royauté et de leur noblesse. Lorsque l'on
voulait les déchoir, on leur rasait le crâne et on les enfermait
dans un couvent. On leur enlevait ainsi toute leur puissance
et on coupait le fil qui les reliait au ciel, leur ôtant de cette
manière le lien au divin. Ce fut, par exemple, le cas de certains rois fainéants et, entre autres, celui de Childéric III,
dernier roi mérovingien, enfermé par Pépin le Bref.

La symbolique du coiffage et de la coupe

Que ce soit pour un homme ou pour une femme, le fait de
se peigner ou de se faire peigner n'est pas anodin. On confie
une part subtile de soi-même au peigne ou à la main de
l'autre. En peignant ses cheveux, on les ordonne, on les
canalise, on les dénoue. Ce geste simple les libère des nœuds
éventuels et les individualise en leur redonnant une liberté
de mouvement. Cela augmente leur capacité à bouger mais
aussi à capter. En confiant ce geste à « un autre » que soi-

même, on lui montre une grande confiance, voire une complicité. Les femmes amies ont souvent plaisir à se coiffer mutuellement les cheveux tout en devisant sur leur vie et leur vécu. Peigner les cheveux de quelqu'un est donc un acte d'amour, une marque d'attention ou d'accueil, un signe de confiance ou d'intimité. On dit même que peigner longuement quelqu'un revient à le caresser, à le bercer. Cela lui procure une grande détente si le geste est fait avec respect et douceur et peut aller jusqu'à l'endormir. Voilà sans doute pourquoi il est très souvent fait état de peignes « magiques » dans nos contes et nos légendes, dans lesquels ils servent fréquemment à endormir.

En termes de symbolique, la coupe et la coiffure du cheveu ont donc une portée très profonde qui n'est pas sans action sur les sphères inconscientes de l'individu. La coiffure, le fait de nouer ou d'attacher les cheveux, leur donne une forme et un sens qui canalisent, structurent ou assujettissent sa personnalité. Plus la coiffure est tenue, serrée, figée ou fixée, plus elle tient, serre, fige ou fixe les idées, les pensées et l'âme. C'est pour cette raison, par exemple, que les Mandchous imposèrent le port de la natte aux Chinois, après avoir conquis leur pays. Moins la chevelure est tenue, plus elle est ébouriffée, désordonnée, en broussaille, et plus les idées, les pensées ou l'âme sont ébouriffées, désordonnées, sans tenue ni rigueur. Le rôle symbolique de la coiffure est donc de mettre en forme, à travers les cheveux, les idées, pensées ou émotions de la personne et de donner ainsi à l'extérieur une image cohérente de sa personnalité.

Le rôle de la coupe est encore plus puissant et manifeste que celui du coiffage. Elle représente la coupure des racines de l'être, de ses mémoires, de ses habitudes, de ses croyances, de ses idées ou de ses pensées, la taille de la personnalité. Cette coupe peut être évolutive ou involutive. Par exemple, chez l'enfant, elle est la représentation symbolique du passage initiatique et social vers la croissance. Sa première coupe lui fait quitter le monde du bébé et le fait entrer dans celui de l'enfance. Chez certains peuples d'ailleurs (Asiatiques, Indonésiens, Nord-Amérindiens), elle est entourée de tout un rituel propitiatoire dont le but est de le protéger, car elle l'affaiblit en lui enlevant de sa force vitale. Nous retrouvons ici la symbolique de force, de puissance déjà évoquée. Plus la coupe est « sévère », plus elle prend un sens de soumission, d'abandon ou de punition, voire d'humiliation, comme ce fut le cas après la Seconde Guerre mondiale, où l'on rasa en place publique le crâne des femmes qui eurent des relations avec l'occupant. C'était aussi au Japon la pire des humiliations pour un samouraï vaincu, que d'avoir le toupet coupé par un adversaire, ou de devoir le couper lui-même en cas de défaite.

Dans le monde religieux, la tonsure ou le crâne rasé symbolisent la soumission au divin et le renoncement aux désirs sensuels ou matériels. Il s'agit là réellement d'un sacrifice, d'une pénitence, d'un abandon de soi-même pour se consacrer à la vie religieuse ou méditative.

En revanche, contrairement à ce que certains pensent ou écrivent, il ne s'agit pas d'une ouverture aux influences célestes. Il suffit pour s'en persuader de regarder l'importante imagerie chrétienne ou orientale. Ni le Christ, ni les apôtres, ni aucun mystique séculier, c'est-à-dire libre de toute appartenance à un ordre religieux, n'ont les cheveux courts, bien au contraire d'ailleurs, puisque ce sont les antennes, les fils qui relient au ciel, au divin.

La tonsure, qui reprend le cercle de la couronne d'épines du Christ, ou le crâne rasé, représentent en fait la soumission et l'obéissance à l'ordre temporel auquel on adhère. Celui-ci peut être religieux, communautaire ou social. Cela nous permet de mieux comprendre pourquoi cette pratique

La Cène

se retrouve systématiquement dans tous les groupes
construits ou articulés autour de la soumission de l'individu
à ce groupe et à ses règles. C'est le cas, par exemple, des
armées, des communautés religieuses, des sectes, des grou-
puscules politiques ou mafieux, des bandes organisées, etc.
Mais ce phénomène se crée aussi par lui-même, inconsciemment, dans les peuples, lors des périodes de crise ou
de rigueur. L'Histoire nous montre que, dans les périodes
d'insécurité économique ou sociale, la tendance masculine,
par besoin inconscient de se sécuriser en se soumettant, est
de porter les cheveux courts. Cette tendance est inverse lors
des périodes de libération sociale ou économique, au cours
desquelles la longueur moyenne des cheveux augmente. Il
suffit de se rappeler les années 1970 et leur mode, et d'observer ce qui se passe à l'inverse aujourd'hui pour s'en
convaincre. La longueur des cheveux, principalement masculins, a donc une symbolique de liberté, d'indépendance,
mais pas de révolte. Dans les rituels initiatiques antiques
ou d'entrée dans certaines loges secrètes, les cheveux sont

volontairement défaits en signe de renonciation aux limita-
tions ou aux règles conventionnelles de la société commune
ou vulgaire. Ce sont les cheveux en broussaille, ébouriffés
ou ostensiblement non coiffés qui sont un signe de révolte,
car ils projettent aux yeux de l'extérieur le refus des règles
ou des contraintes. Ce refus de coiffer, de normaliser son
âme, sa personnalité ou ses idées, peut exprimer un côté
révolutionnaire de type social mais aussi parfois intellectuel.
De nombreux penseurs aux idées révolutionnaires dans leur
époque ne sont pas ou n'ont pas été des gravures de mode
ou des exemples de coiffure.

Pour résumer, nous pouvons donc dire que le cheveu est
un double symbole de l'âme. Porteur des racines et des
mémoires, de la personnalité, des croyances, idées ou pensées de celui à qui il appartient, il peut servir d'identité et
d'identification à celui-ci. Cette relation profonde avec les
sphères inconscientes de l'individu ou du groupe permet
donc de savoir où celui-ci (groupe ou individu) se situe et
quelle place est laissée à l'expression de sa personnalité individuelle ou sociale. Au-delà de cette trame commune entre
les femmes et les hommes, apparaissent des symboliques
secondaires différentes. Chez la femme, le cheveu est un
signe de beauté, de séduction et de sensibilité, car le féminin est énergétiquement de nature Yin, alors que, chez
l'homme, il est un symbole de force, de puissance et de virilité, car le masculin est de nature Yang.

Ce second niveau symbolique du cheveu est celui par
lequel il nous met en rapport avec le céleste, le divin, le non-
tangible. Il est alors un outil subtil de sensibilité et de finesse
qui dynamise notre capacité intuitive et spirituelle.

Tout ce qui touche au cheveu (coupes, coiffures, lavages
et soins) prend de ce fait un sens et une ampleur qui sont
loin d'être anodins. Car tous ces gestes ont une action de
feed-back, un « effet-retour », sur la personnalité et l'âme de

l'individu. Ils peuvent être lus et vus comme un miroir de lui-même, du niveau de son évolution et de l'équilibre intérieur qui règne entre son Conscient et son Non-Conscient, entre son Moi profond et son Moi social, entre ses désirs, ses envies et les actes qu'il s'autorise. Nous aurons l'occasion de voir cela d'une manière plus précise et plus démonstrative dans la partie consacrée aux cas exemplaires.

Deuxième partie

Énergétique capillaire

La codification orientale (l'Homme entre le Ciel et la Terre, le Yin et le Yang, les douze méridiens)

La loi des Cinq Principes

Les Énergies en nous

Les Chakras

Le cheveu, « fil de l'âme »

« Des souvenirs dormant dans cette chevelure...
La langoureuse Asie et la brûlante Afrique,
Tout un monde lointain, absent, presque défunt,
Vit dans tes profondeurs, forêt aromatique. »
Charles Baudelaire

Comme nous l'avons vu dans le chapitre précédent, le cheveu a une symbolique historique et psychologique profonde. Quels que soient la culture, le pays ou l'époque, il est ou a été porteur d'un sens social, conscient et inconscient, fort. Il est important de pouvoir relier cette dimension avec la réalité physiologique du cheveu ou la manière de le coiffer. Cela nous permettra de mieux comprendre, dans notre vie, ce qu'il veut parfois nous dire. La codification orientale des Énergies dans l'homme va nous donner la possibilité de faire ce lien. Cette tradition n'a, en effet, jamais dissocié le corps et l'esprit, l'élément du « tout ». Voyons un peu ce qu'elle nous propose.

La codification orientale (l'Homme entre le Ciel et la Terre, le Yin et le Yang, les douze méridiens)

Pour les Orientaux, la vie est issue du Chaos. Ce magma informe originel a été ordonné par une force structurante qu'ils appellent le Tao. Pour s'exprimer, cet ordre du Tao s'est manifesté à travers deux polarités énergétiques qui sont le Yin et le Yang. C'est à travers elles que l'univers créé, matériel, a pu apparaître.

L'interaction permanente de ces deux énergies a généré notre monde phénoménal. Leur connaissance et leur compréhension font qu'en retour ce même monde peut être compris à travers elles. Créatrices et synergiques, ces deux forces, Yin et Yang, ne sont jamais antagonistes mais toujours complémentaires, comme le montre le symbole du Taï Chi bien connu chez nous.

Symbole du Tao

Issu de cette fécondation vibratoire, l'Homme est apparu entre le Ciel et la Terre. Produit de la rencontre du Yin et du Yang et d'une énergie originelle provenant directement de la Source chaotique, il est le récepteur et le catalyseur de ces forces qu'il reçoit du Ciel et de la Terre. Placé entre les deux, il est un transformateur, un point de convergence et d'humanisation du Yin et du Yang.

Simples et pragmatiques, les anciens Chinois ont essayé de donner un sens cohérent à tout cela. Ils l'ont fait en observant simplement ce qu'ils avaient autour d'eux et en considérant que l'infiniment petit (microcosme) ne pouvait qu'être construit à l'identique de l'infiniment grand (macro-

Coiffures féminines « sages » mais travaillées.

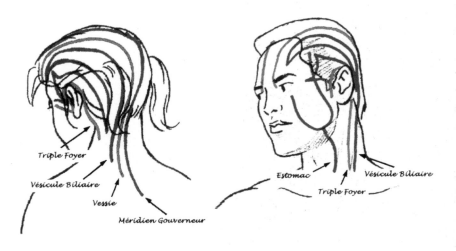

Triple Foyer

Vésicule Biliaire

Vessie

Méridien Gouverneur

Estomac

Triple Foyer

Vésicule Biliaire

Les méridiens énergétiques de la tête

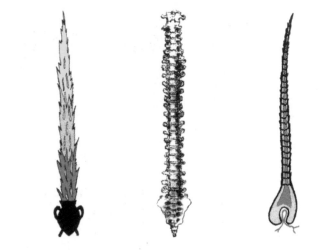

Canal Central   Colonne vertébrale   Cheveu

Axe Terre Ciel

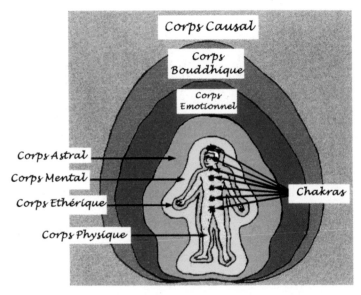

Les chakras et les corps énergétiques

cosme). Cette observation les a conduits à constater que l'Homme se tenait dans une position verticale, établie entre le Ciel et la Terre, le sol. Le sol est en bas, en dessous de lui, il est lourd, dense, palpable, tangible, concret, mesurable. Il est de nature Yin. Le Ciel est en haut, au-dessus de lui, il est léger, éthérique, impalpable, intangible, non concret, non mesurable. Il est de nature Yang.

Le Yin peut donc être indubitablement considéré comme le symbole de la matière, de la substance et de la quantité, alors que le Yang est celui de l'esprit, de l'essence, de la qualité.

Se situant entre les deux, l'Homme est leur lieu de rencontre. Il possède en lui ces deux polarités qui se manifestent à travers le corps (lourd, dense, palpable, tangible, concret, mesurable) pour le Yin et l'esprit (léger, éthérique, impalpable, intangible, non concret, non mesurable) pour le Yang. Leur complémentarité donne la synergie de la vie et leur équilibre donne l'harmonie, la santé. En revanche, leur antagonisme donne l'épuisement puis la fin de la vie et leur déséquilibre produit la dysharmonie, le malaise, la maladie.

Tout dans notre univers peut être catégorié, codifié par rapport à ces polarités Yin et Yang. Le Yang représente la force exprimée, le soleil, l'été, le feu, la lumière, la chaleur, le ciel, le haut, le masculin, l'activité, l'extérieur, le centrifuge, le don, le positif, le virtuel, le dur, etc. Le Yin représente l'absence de force dynamique, la lune, l'hiver, l'eau, l'obscurité, le froid, le bas, la terre, le féminin, la passivité, l'inertie, l'intérieur, la réception, le négatif, le centripète, le matériel, le mou, etc. Il n'y a bien entendu aucune connotation de valeur dans ces qualificatifs. Ils ne servent qu'à définir la différence de typologie entre les énergies Yin et Yang et leurs manifestations.

Nous vous proposons dans le tableau suivant les correspondances avec le Yin et le Yang qui nous seront utiles dans cet ouvrage. Elles ne sont pas exhaustives mais représentent les principaux niveaux de décodage qui seront utilisés.

Yin	Yang
bas	haut
droite	gauche
intériorité	extériorité
intériorisation	extériorisation
féminin	masculin
mère	père
entreprise	hiérarchie
obéissance	autorité
victime	rebelle
matière	esprit
Moi profond	Moi social
Non-Conscient	Conscient
intérieur	extérieur
réceptif	exprime
accueille	conquiert
passivité	activité
féminité	virilité
beauté	force
création	initiation

Le Yin et le Yang existent toujours ensemble et prennent leur sens uniquement en termes de relativité. Si, par exemple, le froid est Yin, le moins froid du froid est Yang et le plus froid du froid est Yin. Si le sombre est Yin, le moins sombre est Yang et le plus sombre Yin. Si le chaud est Yang, le moins chaud est Yin et le plus chaud Yang. Si le lumineux est Yang, le moins lumineux est Yin et le plus lumineux Yang. Et ainsi de suite. C'est-à-dire que le Yin est toujours le Yin de quelque chose et que le Yang est toujours le Yang de quelque chose, chacun ne prenant sa signification que par rapport à son complémentaire, de la même façon qu'il y a une main droite parce qu'il y a une main gauche ou qu'il y a un haut parce qu'il y a un bas. Cette relativité prend tout son sens dans notre corps et, pour ce qui nous intéresse en particulier, au niveau de la tête et de la coiffure. Reprenons un peu : le bas est Yin et le haut est Yang, la droite est Yin et la gauche est Yang. En appliquant ces repérages au visage et à la coiffure, nous obtenons le schéma proposé page 52.

Le Yin et le Yang circulent dans tout le corps humain à travers douze méridiens principaux qui sont en correspondance avec nos organes et nos viscères. Six d'entre eux sont de nature Yin et les six autres sont de nature Yang. Ils fonctionnent par couples, composés chacun d'un méridien Yin et d'un méridien Yang. Ces couples sont associés à l'intérieur d'un Principe énergétique commun. Il n'est pas nécessaire pour notre ouvrage d'entrer dans le détail explicatif du rôle et des trajets de chacun d'entre eux. Si cela vous intéresse, vous pouvez vous reporter à mon ouvrage *L'Harmonie des Énergies*. Nous vous les présentons ici simplement dans un tableau qui vous permettra de les situer lorsque nous en parlerons ultérieurement.

Principe couple	Méridien Yin	Méridien Yang
Métal	Poumon	Gros Intestin
Terre	Rate-Pancréas	Estomac
Eau	Reins	Vessie
Bois	Foie	Vésicule Biliaire
Feu	Cœur	Intestin Grêle
Feu	Maître Cœur	Triple Foyer

Cela peut être utile car c'est à travers eux que nous pourrons faire des liens entre notre vie et nos cheveux. Nous prendrons particulièrement en compte, à ce moment-là, les méridiens énergétiques qui circulent sur notre crâne et que le schéma des pages couleur nous montre.

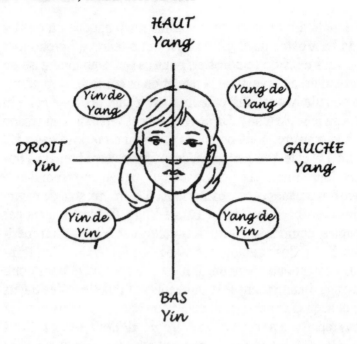

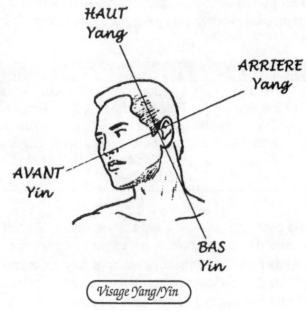

Visage Yang/Yin

Car, pour les anciens Chinois, notre Énergie Vitale circule en permanence à travers ces méridiens. L'équilibre quantitatif et qualitatif de cette circulation est nécessaire à l'équilibre de l'organisme et de la psychologie d'un individu. Or nos comportements physiques (alimentation, style de vie, stress, etc.) ou psychologiques (émotions, vécus affectifs, pensées, etc.) agissent sur cette circulation et sont à même de la perturber. Toute atteinte à ces Énergies va donc provoquer plus ou moins rapidement un déséquilibre équivalent dans le corps ou l'esprit. La compréhension de cette relation va nous permettre de « lire à l'envers », à partir de la manifestation physiologique, et de décoder ce qui a été à l'origine du déséquilibre. Car chaque méridien et chaque Principe énergétique sont porteurs d'un sens Yin (organique) et Yang (psychologique). Nous allons voir que certains méridiens et Principes ont une relation privilégiée avec le cheveu et qu'à travers eux nous pourrons mieux lire ce que celui-ci exprime.

La loi des Cinq Principes

L'observation empirique des éléments terrestres a amené les anciens Chinois à constater que Cinq Principes de base géraient, structuraient et représentaient tout ce qui existe dans l'Univers.

Il n'y a pas d'origine réellement connue à cette loi des Cinq Principes, plus communément appelée loi des Cinq Éléments. Elle se perd dans les temps les plus anciens et s'est forgée petit à petit sur une observation profonde de tous les cycles de la nature, qu'ils soient climatiques, saisonniers, énergétiques, botaniques ou autres. La loi des Cinq Principes considère l'Univers comme étant soumis à une cyclique systématique de fonctionnement, qui se déroule à travers cinq éléments représentatifs de la vie manifestée. Ces Cinq Principes sont le Bois, le Feu, la Terre, le Métal et l'Eau.

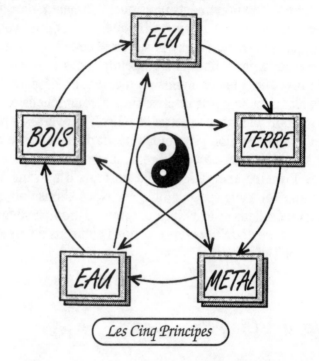

Les Cinq Principes

Cette loi se déroule elle-même en permanence selon deux cycles simultanés : les cycles d'Engendrement et d'Inhibition ou de Contrôle. Ceux-ci régissent les rapports interdépendants entre les Cinq Principes fondamentaux qui sont la base existentielle même de cet Univers, chaque Principe possédant une forme plus ou moins Yin ou Yang.

À chacun d'entre eux se trouve associée toute une symbolique qui permet de cerner la globalité complexe et complète qu'il représente. Chacun correspond en effet à une planète, un point cardinal, une saison, un climat, une couleur,

une saveur, une odeur, un type d'aliments, un organe, des
« entrailles », un méridien Yin et un méridien Yang, un
moment de la journée, un type de psychologie, un type de
morphologie, un type d'émotion, un type de peur, etc. Le
tableau page 56 nous donne la correspondance entre chaque
Principe et quelques-uns des éléments avec lesquels il est en
relation.

Le découpage saisonnier de l'année par exemple (printemps, été, automne, hiver) peut être transposé d'une façon
fort intéressante à d'autres cycles de la vie. Il se calque parfaitement sur la durée d'une journée, le matin étant le
printemps de la journée, le midi l'été, la fin d'après-midi
l'automne et la nuit l'hiver. Il peut aussi s'appliquer parfaitement à la vie d'un homme, sa naissance et sa petite enfance
étant le printemps, sa jeunesse avant la quarantaine l'été,
sa maturité (jusqu'à environ 60 ans) son automne, et sa
vieillesse et sa mort étant son hiver. Ce découpage « saisonnier » peut, en fait, se calquer sur n'importe quelle phase
de temps, comme un projet, une maladie, la construction
d'une maison ou la digestion d'un repas, par exemple. Tout
est dans tout.

Ces Cinq Principes sont soumis à deux lois complémentaires de relation. La première de ces deux lois est le cycle
d'Engendrement, que l'on appelle aussi loi Mère Fils (voir
page 57). Elle définit avec une logique sans faille la première forme de rapports entre les Cinq Principes. Le Bois
engendre le Feu, qui engendre la Terre, qui engendre le
Métal, qui engendre l'Eau, qui engendre le Bois, qui à son
tour engendre à nouveau le Feu.

En effet, le bois est ce qui nourrit, alimente, produit le feu.
C'est donc lui qui l'engendre. Il est aussi logique de dire que
le feu nourrit, alimente la terre. Ce ne sont pas les agriculteurs qui brûlent les chaumes pour engraisser la terre qui
diront le contraire. Tout aussi logique est l'idée de la terre

Principe	Bois	Feu	Terre	Métal	Eau
Direction cardinale	Est	Sud	Centre	Ouest	Nord
Énergie saisonnière	Printemps	Été	Fin de saison	Automne	Hiver
Énergie climatique	Vent	Chaleur	Humidité	Sécheresse	Froid
Énergie journalière	Matin	Midi	Après-midi	Soir	Nuit
Énergie des couleurs	Vert	Rouge	Jaune	Blanc	Noir
Saveurs alimentaires	Acide, aigre	Amer	Doux, sucré	Piquant	Salé
Moment vital fort	Naissance	Jeunesse	Maturité	Vieillesse	Mort
Plan organique	Foie	Cœur	Rate-Pancréas	Poumon	Reins
Plan viscéral	Vésicule Biliaire	Intestin Grêle	Estomac	Gros Intestin	Vessie
Plan physiologique général	Œil, muscles	Langue, vaisseaux sanguins	Chair, tissus conjonctifs	Peau, nez, système pileux	Os, moelle, oreilles
Organe des sens	Vue	Parole	Goût	Odorat	Ouïe
Type de sécrétions	Larmes	Sueur	Salive	Mucosités	Urines
Symptomatologie physiologique	Ongles	Teint	Lèvres	Poils	Cheveux
Typologie psychique	Perception, imagination, création	Intelligence, passion, conscience	Pensée, mémoire, raison, réalisme	Volontarisme, rigueur, action/choses	Sévérité, volonté fécondité, décision
Typologie énergétique	Mobilisation, extériorisation	Superficie	Répartition	Intériorisation	Concentration
Psychologie passionnelle	Susceptibilité, colère	Joie, plaisir, violence	Réflexion, soucis	Tristesse, chagrin, sollicitude	Angoisses, peurs
Psychologie vertueuse	Harmonie	Éclat, ostentation	Circonspection, pénétration	Clarté, intégrité, pureté	Rigueur, sévérité
Psychologie qualitative	Élégance, beauté	Prospérité	Abondance	Fermeté, sens des réalisations	Sens de l'écoute
Nombre astrologie chinoise	3 et 8	2 et 7	0 et 5	4 et 9	1 et 6
Planète associée	Jupiter	Mars	Saturne	Vénus	Mercure

qui produit et fabrique le métal (que l'on extrait de cette terre). Il peut sembler moins évident de dire que le métal produit l'eau, mais il est bon de rappeler qu'en s'oxydant le métal libère des molécules d'hydrogène nécessaires à l'eau. Rappelons-nous qu'il a besoin d'eau pour s'oxyder et aussi que, lorsqu'on veut produire de l'eau par catalyse,

à partir d'oxygène et d'hydrogène, on a besoin d'une élec-
trode métallique. Enfin, lorsque le métal est chauffé, il
devient liquide.

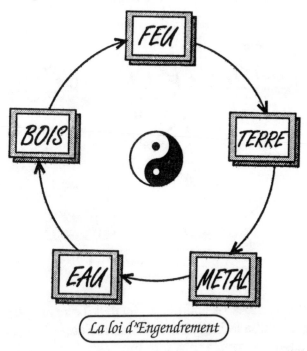

La loi d'Engendrement

La dernière explication prend en compte l'autre côté de
la relation. C'est-à-dire en considérant que l'Eau est le
« fils » du Métal. Or l'enfant dans le ventre de sa mère se
nourrit de celle-ci, la « mange ». Il la « consomme » comme
l'Eau « mange » le Métal puisqu'elle le corrode. Il redevient
enfin plus simple de comprendre que l'Eau « engendre » le
Bois, toute plante ayant besoin d'être irriguée pour pouvoir
pousser.

La deuxième loi est le cycle d'Inhibition ou de Contrôle
(voir page 58) et elle définit une autre forme de rapports
entre les Cinq Principes qui est tout aussi explicite. Le Bois

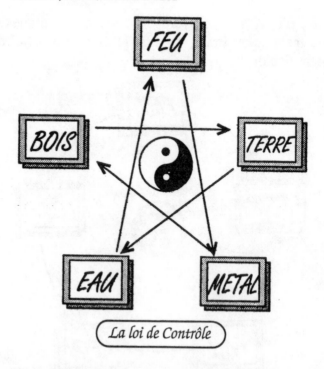

La loi de Contrôle

inhibe la Terre, le Feu inhibe le Métal, la Terre inhibe l'Eau, le Métal inhibe le Bois, l'Eau inhibe le Feu.

Là aussi les explications sont simples et logiques. Le bois inhibe la terre, c'est-à-dire qu'il la contrôle. C'est pour cette raison que, pour fixer les dunes ou empêcher l'érosion des sols, on plante de la végétation. Il est aussi clair que le feu inhibe le métal. C'est en effet grâce à lui qu'on peut forger, fondre, travailler le métal en lui donnant notamment une forme. Le fait que la terre inhibe l'eau coule aussi de source. C'est elle qui l'absorbe et dont on se sert pour combler les mares ou endiguer les ruisseaux et les rivières. Il est simple ensuite de comprendre comment le métal contrôle le bois. Grâce à lui, on coupe le bois et on le façonne. Doit-on enfin expliquer comment l'eau contrôle et inhibe le feu ? Elle permet de le refroidir, voire de l'éteindre.

Ce sont ces deux lois naturelles simples qui définissent les rapports d'interdépendance permanents qui régissent les relations entre les Cinq Principes. Elles positionnent et précisent leurs influences réciproques et leur importance relative et, par conséquent, celle de tous les critères intervenants qui sont en relation avec eux (saison, heure, déséquilibre, forme, psychisme, typologie individuelle, etc.) et notamment la qualité de l'énergie qui circule dans nos méridiens.

En nous reportant au tableau page 56 qui récapitule les correspondances avec les Cinq Principes, nous pouvons constater que le cheveu dépend du Principe Énergétique de l'Eau. Il en est l'expression et il en contient toutes les formes. Or ce Principe Énergétique est celui qui porte les mémoires profondes de l'être humain, celui de sa capacité à l'acceptation et au changement ainsi que de sa résistance à l'effort et à la fatigue. C'est d'entre les reins qu'émerge l'Énergie Ancestrale, porteuse des mémoires des ancêtres (hérédité mais aussi ce en quoi nous sommes notre propre ancêtre), après s'être amalgamée aux Énergies du Ciel et de la Terre pour donner l'Énergie Vitale de l'homme. Il est intéressant de constater que le cheveu appartient, en tant que structure représentative de l'homme qui le porte, au même Principe Énergétique que les os et le squelette (structure « porteuse »), les dents (structure « mordeuse », c'est-à-dire grâce à laquelle nous mordons dans la vie), les reins et la vessie (structure « nettoyeuse » de l'organisme). Si l'une de ces structures s'avère défaillante, ce sont les autres qui prennent le relais. L'émotion principale enfin, qui est associée à l'Eau, est la peur. Tout déséquilibre dans l'un de ces niveaux va donc immanquablement avoir des répercussions sur le cheveu. Fragilité dentaire, problème osseux, intoxication ou intoxination du corps, fatigue excessive, émotions fortes ou peurs brutales, se marquent systématiquement dans le cheveu.

Nous pouvons symboliser les lois d'Inhibition et d'Engendrement dans un schéma simple mais en le complétant dans le sens de la philosophie du « tout est dans tout ». Chaque Principe est en effet lui-même architecturé autour et par ces deux lois et cinq « Sous-Principes ». Dans le Métal, par exemple, nous avons à nouveau de la Terre, de l'Eau, du Bois, du Feu et bien sûr du Métal, qui composent ce Principe. Tout est construit dans ce que je qualifie de système « galerie des glaces ». Dans cette célèbre galerie du château de Versailles, lorsque vous vous placez devant une glace, du fait de la présence d'autres glaces derrière vous, l'image qui vous est renvoyée est la vôtre, mais vous voyez, pratiquement à l'infini, des glaces de plus en plus petites et décalées dans lesquelles il y a votre image. Le concept du « tout est dans tout » peut se comparer à cela et chaque Principe se trouve lui-même composé de cinq « Sous-Principes » qui, à leur tour, etc.

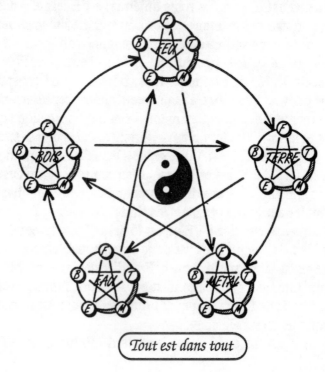

Tout est dans tout

Cela nous permet de comprendre, par exemple, pourquoi nous retrouvons dans le cheveu (Principe de l'Eau), cinq types de peurs ou d'émotions. Celles-ci sont, en effet, à l'intérieur de ce même Principe de l'Eau, les « variantes » Métal, Bois, Feu, Terre ou Eau de la peur qui est l'émotion de base de l'Eau.

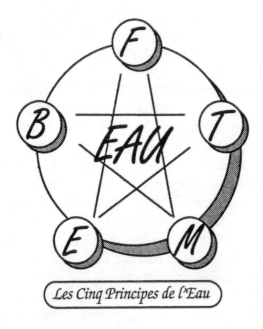

Les Cinq Principes de l'Eau

Les Énergies en nous

Point de rencontre et de transformation entre les Énergies Yang du Ciel et Yin de la Terre, l'être humain les combine en lui afin de former ce que l'on appelle l'Énergie Essentielle (venant de « essence »), c'est-à-dire tout simplement son carburant brut. Ce carburant va, à son tour, se combiner avec une autre Énergie, dite Ancestrale, que l'on pourrait qualifier d'« additif » pour rester dans la métaphore automobile. De cet amalgame naît alors une nouvelle forme d'Énergie que l'on qualifie de Vitale, c'est-à-dire notre supercarburant personnel. Cette Énergie Vitale est propre à chacun de nous et nous permet d'exister en tant qu'être, seul et unique, avec nos forces et nos faiblesses, nos qualités et nos fragilités, nos excès et nos insuffisances.

Tout au long de sa vie, l'homme reçoit et intègre l'Énergie du Ciel (notamment par les poumons et la respiration, le « Souffle ») et de la Terre (notamment par l'estomac et l'alimentation, la « Nourriture »). La façon dont il les consomme puis les assimile en les combinant pour former l'Énergie Essentielle donne la qualité et la texture de celle-ci, c'est-à-dire de son carburant brut. Puis la combinaison de cette Énergie Essentielle avec l'Énergie Ancestrale donne son supercarburant, son Énergie Vitale. Si la qualité de l'Énergie Essentielle laisse à désirer parce qu'elle présente un déséquilibre (trop d'Énergie du Ciel ou de la Terre, ou bien mauvaise qualité de celles-ci), c'est l'Énergie Ancestrale qui intervient et joue son rôle de régulateur en puisant « dans son stock » pour rétablir l'équilibre qualitatif ou quantitatif qui a été perturbé.

Nous pouvons aisément comprendre comment nos attitudes alimentaires, d'hygiène physique et mentale agissent non seulement dans l'instant (santé) mais aussi dans le temps (longévité et vitalité). Rappelons-nous en effet que c'est l'Énergie Ancestrale qui compense tous les déséquilibres. Je voudrais juste revenir un peu plus précisément sur cet « additif » très particulier car il joue un rôle déterminant (dans tous les sens du terme) pour chacun de nous. Comme son nom l'indique, cette Énergie Ancestrale porte en elle les mémoires des ancêtres. Elle est la « mémoire » du Chenn et de l'homme. Elle est leur racine et c'est par elle que chaque individu est relié à toute l'humanité et son histoire depuis l'origine même de l'Univers. On pourrait imager cela avec l'eau d'une source de montagne. Celle-ci porte en elle, même si elle coule encore aujourd'hui, toute l'histoire de la montagne avec tous les minéraux et les substances provenant de la montagne elle-même, mais aussi de ses glaciers. Or la neige qui donne l'eau d'aujourd'hui est parfois tombée il y a plusieurs millénaires. Par cette Énergie Ancestrale, nous sommes reliés en permanence à notre histoire, mais aussi à celle des nôtres et en particulier de nos ascendants. Nous touchons là, quelque part, à l'inconscient collectif et aux archétypes jungiens. Nous voyons apparaître ici un des sens de « mémoires » qui peut être rattaché aux cheveux, qui sont nos racines profondes, ou plus précisément un lien avec celles-ci, un support « lisible » pour qui sait le déchiffrer.

Notre Énergie Vitale se compose donc des Énergies Essentielle et Ancestrale, ainsi que nous venons de le voir. Cette alchimie profonde se passe à l'intérieur de chacun de nous, dans un endroit très précis situé entre nos deux reins et que les Taoïstes symbolisent par un petit pot à trois pieds. Ce centre énergétique correspond à la source profonde d'où jaillit la force vitale en nous. Partant de là, elle se répartit dans tout le corps à travers un Canal Central qui remonte le long de la colonne vertébrale. Or, comme cette colonne vertébrale, ce Canal Central ressemble fortement à un cheveu (voir l'illustration sur la page couleur).

En tant que fil de l'âme, le cheveu part de nos racines pour monter vers le Ciel. Il est en cela ce qui relie en nous le terrestre avec le céleste. Il est le fil vibratoire sur lequel se joue la mélodie de « l'Homme entre le Ciel et la Terre » et, en ce sens, les qualités de l'archer (rasoir) et du musicien (coiffeur) prennent une dimension fondamentale.

Cette double relation Terre/Ciel est essentielle et est représentée au niveau énergétique par l'axe Eau/Feu. Ces deux Principes sont les deux pôles extrêmes de la manifestation du Yin et du Yang dans notre monde. Si nous nous reportons au schéma de la loi de Contrôle des Cinq Principes (voir page 58), nous pouvons constater que l'Eau et le Feu ont une relation de contrôle direct dans laquelle l'Eau inhibe le Feu, le tempère. Cependant, cette relation possède un corollaire induit. Si, en effet, le Feu s'avère trop fort, celui-ci peut faire bouillir puis évaporer l'Eau. Nous disons alors en énergétique que le cycle de Contrôle s'est inversé en cycle de Révolte.

Or cette révolte n'est pas sans effet sur l'organisme et en particulier sur le cheveu, car le Principe du Feu gère tout le système circulatoire et notamment les capillaires. Ces minuscules vaisseaux sanguins sont ceux qui nourrissent et irriguent nos cheveux. S'ils se contractent ou s'obstruent, le cheveu ne sera plus nourri et va mourir. Nous avons là une des causes majeures de la mort puis de la chute de celui-ci.

Sur le plan énergétique, le cheveu dépend directement du Principe de l'Eau dont il est l'émanation physiologique externe. Principe fondamental de l'être humain, l'Eau porte ses mémoires anciennes, profondes, ancestrales. Directement associée aux reins et à la vessie, c'est également elle qui a la charge de la gestion des liquides organiques dans le corps. Nous sommes là en présence du Principe qui engendre, porte et nourrit la vie, mais aussi de celui qui porte la mort. Entre ces deux extrêmes, tout est mémorisé dans cette Eau subtile. Elle porte la vie dans le corps physique, non seulement parce qu'elle l'irrigue, mais aussi parce qu'elle gère tout ce qui touche à la gynécologie et à la fécondité. Elle porte la mort à ce même niveau physique non seulement parce qu'elle est, à travers les reins et la vessie, le support d'élimination des toxines (mort), mais aussi parce que ce Principe est énergétiquement associé à la mort (voir tableau page 56).

Nous avons, enfin, déjà évoqué la relation étroite qui existe entre les peurs et le cheveu. Cette relation se comprend lorsque l'on sait que l'émotion gérée par l'Eau est la peur. L'Énergie de ce Principe a la charge des stress, des émotions fortes et des glandes surrénales qui sécrètent dans notre corps ces hormones de l'instinct de survie que sont l'adrénaline et la noradrénaline, ainsi que les corticoïdes naturels. Toute situation de peur ou de stress intense va entraîner, bien entendu, une réaction immédiate voire anticipée de ces glandes, qui ne sera pas sans conséquences sur le cheveu. Celui-ci peut alors être endommagé, voire étouffé. C'est la chute brutale bien connue qui arrive après une peur intense (accident de voiture ou attentat, par exemple). La réaction peut aussi toucher la structure même du cheveu et s'y inscrire. Cette marque, visible au microscope, peut aller jusqu'à le faire blanchir.

Les Chakras

Si nous tenons à évoquer ici la codification des Chakras qui nous vient de l'Inde, c'est parce que cette approche permet de relier intelligemment les polarités physiques et spirituelles de l'homme. De nombreux ouvrages très complets traitent de ces Chakras qui sont au nombre de 7. Nous ne voulons nous référer à eux qu'à deux titres. Tout d'abord parce qu'il s'agit, comme le disait C. G. Jung, de ces portes qui relient l'homme au cosmos. Il considérait que les Chakras sont les voies d'accès du Conscient, les récepteurs d'Énergies venues du cosmos vers l'esprit et l'âme de l'homme. Ils étaient, pour lui, toujours alignés avec une Énergie d'essence divine, parce qu'ils sont des créations de l'âme. Nous retrouvons là le sens subtil du cheveu « fil de l'âme » et le lien privilégié qu'il symbolise entre le Ciel et la Terre, mais aussi ces niveaux très fins qui nous font ressentir les autres, leurs intentions ou leurs peurs. Le second titre de référence aux Chakras est la relation qu'ils ont avec nos corps énergétiques (plus connus sous le terme d'« auras ») et avec les sensations extraordinaires et parfois même bouleversantes, ressenties par de très nombreuses personnes lors d'une coupe au rasoir. En effet, selon la personne et son degré de sensibilité, la vibration du rasoir (qui mesure 7 centimètres !) « descend » le long de la colonne vertébrale et retentit avec une intensité pouvant aller jusqu'à être douloureuse au niveau du Chakra, de la zone chakrale en tension sur cette colonne. Nous verrons cela à travers quelques cas étonnants. Il est enfin bon de savoir que les Chakras ont une relation privilégiée avec nos glandes endocrines, qui sont ces glandes qui sécrètent les hormones dans notre corps. Or la plupart de ces sécrétions sont liées avec nos ressentis et nos émotions, conscients ou non conscients. C'est ce qui nous fait rougir, lorsque nous sommes émus, pâlir lorsque nous avons peur, trembler ou avoir la chair de poule lorsque nous sommes impressionnés ou que nous avons froid. Il est bon de savoir que le même type de réactions physiologiques existe au niveau de nos cheveux.

La présentation des Chakras qui suit, ainsi que celle des corps énergétiques qui leur sont associés, est succincte. Son but est simplement de nous donner les éléments de base pour mieux comprendre certains ressentis ou certaines réactions que nous avons parfois.

1 Chakra racine

Il se situe à la base de la colonne vertébrale. C'est la « queue du dragon », le coccyx. Il est directement lié à notre dimension physique et à la terre. C'est lui qui contient, ou plutôt gère, nos Énergies primordiales, notre instinct de survie. C'est aussi lui qui porte la potentialité de notre devenir physique. De lui dépend notre comportement de fuite ou d'agressivité. Selon les sages hindous, il canalise l'Énergie de la volonté. Au niveau du corps physique, il touche nos jambes, nos pieds, nos parties génitales, notre sacrum et nos reins. Sur le plan glandulaire, il gère les surrénales. La couleur qui lui correspond est le rouge, et le corps énergétique qui lui est associé est le corps physique que nous connaissons, car il est le seul directement perceptible par nos yeux.

2 Chakra du hara

Il est localisé, comme son nom l'indique, dans le fameux hara, ce centre énergétique que les Japonais placent à trois largeurs de doigt sous l'ombilic. Il est lui aussi relié à notre physique, mais avec un degré d'élaboration plus poussé. Il gère en effet notre vitalité, notre capacité de mouvement, notre équilibre et notre sexualité. Il est d'ailleurs souvent situé dans les parties sexuelles. Sur le plan physiologique, il est en rapport avec le bassin, les hanches, le sacrum, les vertèbres lombaires et les parties génitales. Sur le plan glandulaire, il correspond aux gonades (testicules et ovaires). La couleur qui lui est associée est l'orange et son corps énergétique est le « corps éthérique ». Non perceptible par nos yeux, ce corps émotionnel correspond à une sorte d'enveloppe invisible de 5 à 15 centimètres autour du corps physique.

3 Chakra du plexus solaire

Il se situe, comme son nom l'indique, au niveau du plexus solaire. Son niveau énergétique est différent car c'est lui qui gère les émotions non élaborées. Il va donc concerner les

Énergies émotionnelles brutes, les désirs, le pouvoir personnel, l'instinct de propriété. Sur le plan physiologique, il est lié au système nerveux autonome, au diaphragme, à l'estomac, à la rate et aux six dernières vertèbres dorsales. Sur le plan glandulaire, il est en relation avec le pancréas. On lui rattache la couleur jaune, et le corps énergétique associé est le « corps mental ». Ce corps mental n'est pas perceptible par le regard et correspond à une sorte d'enveloppe invisible de 15 à 50 centimètres (selon les individus) autour du corps physique.

4 Chakra du plexus cardiaque

Il est placé au niveau du plexus cardiaque, c'est-à-dire au milieu du sternum, sur un point situé juste entre les mamelons. Ce Chakra gère lui aussi des Énergies émotionnelles, mais élaborées. Elles correspondent à l'amour, la compassion, l'altruisme, les sentiments humanitaires. Sur le plan physiologique, il est en relation avec le foie, la vésicule biliaire, le cœur, le système circulatoire, le thorax, le système immunitaire et, enfin, les six premières vertèbres dorsales. Sur le plan glandulaire, il est lié au thymus (rôle important, notamment chez l'enfant, dans le développement de l'immunité). La couleur qui lui correspond est le vert alors que son corps énergétique est le « corps astral ». Non perceptible par nos yeux, ce corps astral est une sorte d'enveloppe invisible de 50 à 150 centimètres autour du corps physique. Avec les deux corps précédents, ce sont les corps de la relation et de la perception des autres. C'est à ces niveaux que les peurs ou les intentions de l'autre peuvent être perçues inconsciemment. Or ces perceptions sont très importantes car elles déclenchent parfois des réactions en retour, non maîtrisées, pouvant affecter les cheveux.

5 Chakra de la gorge

Il correspond au plexus cervical. Ce Chakra gère tout ce qui touche à l'expression de soi, à la réceptivité, à la créativité, en particulier comportementale, c'est-à-dire la dynamique « miroir » que notre comportement engendre. C'est le centre de la communication, de l'expression et aussi du jugement. Sur le plan physiologique, il est lié à la gorge, bien entendu, aux vertèbres cervicales, aux bras, à la bouche et au système respiratoire. Sur le plan glandulaire, il est en relation avec la thyroïde. La couleur qui lui est associée est le bleu et son corps énergétique est le « corps émotionnel ». Ce corps éthérique correspond à une enveloppe invisible de plusieurs mètres (selon les individus) autour du corps physique. C'est ce niveau que nous percevons lorsque nous ressentons ce magnétisme si particulier qui émane d'un grand maître, qu'il soit religieux, d'arts martiaux, en ébénisterie ou jardinier.

6 Chakra du troisième œil

Il est localisé à la racine du nez, à 1 centimètre au-dessus du point placé juste entre les deux sourcils. Il correspond à l'intellect, l'intelligence, l'intuition et même la clairvoyance. C'est le centre de l'idéalisme et de l'imaginaire. Il reflète également la vision intérieure et son expression extérieure. Sur le plan physiologique, ce Chakra est en relation avec les oreilles, le nez, le front, la partie postérieure du cerveau, la moelle épinière et l'œil gauche (personnalité). Sur le plan glandulaire, il est rattaché à l'hypophyse (hormone de croissance). La couleur qui lui correspond est l'indigo (rouge et bleu mélangés), et le corps énergétique qui lui est associé est le « corps bouddhique ». Ce corps est une enveloppe invisible très vaste dont les limites sont difficilement mesurables autour du corps physique. C'est principalement à ce niveau que se produisent les phénomènes d'intuition.

7 Chakra couronne

Ce dernier est situé au sommet de la tête. C'est par lui, dit-on, que l'âme quitte le corps au moment de la mort. Il correspond au devenir spirituel, à la transcendance, à la conscience supérieure. Il porte donc la spiritualité, mais une spiritualité réelle et pas simplement intellectuelle. Une spiritualité réelle parce qu'elle est en relation, à travers ce Chakra, avec tous les autres Chakras, ce qui lui évite de n'être que conceptuelle. Sur le plan physiologique, ce Chakra est lié à la partie antérieure du cerveau, le cortex cérébral, l'œil droit. Sur le plan glandulaire, il est rattaché à l'hypophyse, la glande pinéale. La couleur qui lui est associée est le violet, et le corps énergétique est le « corps causal ». Ce dernier corps énergétique correspond à une enveloppe, autour du corps physique, qui n'a pas de limites, ni dans le temps ni dans l'espace. C'est à son niveau que se produisent des perceptions déroutantes, comme les rêves prémonitoires, les précognitions ou les perceptions d'autres plans de conscience (ou « d'autres vies »).

En résumé, nous pouvons dire que ces Chakras ou roues énergétiques sont des portes situées sur notre corps et par lesquelles les Énergies Cosmiques, selon leur degré d'élaboration, peuvent entrer. Ce potentiel d'entrée n'est pas déterminé par le fait que ces portes fonctionnent ou non car elles fonctionnent toujours, mais c'est notre conscience, à travers sa capacité d'ouverture, qui va justement les ouvrir plus ou moins ou même pas du tout. Alors, le plan spirituel ou psychologique puis les plans glandulaire et physiologique qui lui correspondent seront concernés par cette plus ou moins bonne ouverture à la circulation énergétique, entraînant des hypo- ou des hyperfonctionnements. Or ceux-ci peuvent être en étroite relation avec le cheveu qui, comme notre colonne vertébrale, vibre en étroite harmonie avec ces niveaux plus subtils de nous-mêmes et, en particulier, avec nos émotions et nos ressentis, notamment ceux perçus au niveau de nos différents « corps énergétiques ».

Le cheveu, « fil de l'âme »

Sur le plan énergétique, le cheveu est donc porteur d'un sens tout à fait en accord avec celui que la symbolique traditionnelle lui accorde. Voilà qui est rassurant car cela nous montre que, derrière cette cohérence, il y a certainement une part non négligeable de vérité.

Élément associé à l'Énergie de l'Eau, le cheveu est porteur de tout le sens de cette dernière. Il est le fil qui contient les mémoires profondes de celui qui le porte. Partant de ses racines, il monte vers le ciel comme une colonne vertébrale subtile. Cette colonne ne pousse pas sur n'importe quelle partie de notre corps puisqu'il s'agit de la tête. Elle est l'émanation de ce qu'il y a de plus élevé dans l'homme et la codification taoïste différencie très nettement les cheveux (Principe de l'Eau) des poils (Principe du Métal) ou des ongles (Principe du Bois). Nous les classons ensemble en Occident sous le terme générique de « phanères » parce qu'ils sont tous faits de kératine et émanent de notre peau. L'Orient a très nettement fait la distinction entre eux car le cheveu a un rôle d'antenne et de mémoire, de lien avec le céleste, qui lui donne une noblesse de fonction que les poils ou les ongles n'ont pas. Cette ressemblance avec notre colonne vertébrale n'est d'ailleurs pas que symbolique. Il est en effet assez troublant d'observer la structure et les articulations de celle-ci et de les comparer à celles d'un cheveu vu au microscope.

Véritable colonne vertébrale de kératine, le cheveu est articulé comme cette dernière et est parcouru d'une moelle intérieure. L'articulation de ces strates de kératine lui donne sa mobilité, sa souplesse et sa forme, et c'est en travaillant sur cette structure à travers les « ponts kératiniques » que le coiffeur peut le mettre en plis. Comme nous l'avons vu dans la partie intitulée « Les Énergies en nous » (page 61), la forme du cheveu est la même que celle de la colonne vertébrale, la racine étant le sacrum du cheveu. Cette relation particulière avec notre colonne vertébrale, tant dans la forme que dans la structure, nous permet de comprendre celle qui existe avec les Chakras dont nous avons parlé précédemment. Ceux-ci sont en effet positionnés le long de notre colonne, qui représente le Canal Central dans lequel monte l'Énergie de la kundalini. Lorsque l'on fait vibrer le cheveu par la coupe au rasoir, cette vibration descend jusqu'à la racine. Cette manière de le couper met tout notre être en résonance et fait qu'une vibration équivalente peut descendre le long de notre colonne vertébrale, jusqu'au sacrum, procurant parfois à certaines clientes (ou clients) des sensations assez étonnantes.

Selon la personne, son degré d'ouverture et ses tensions éventuelles, la vibration peut rester simplement au niveau du crâne, descendre le long de la colonne pour s'arrêter et irradier dans l'un des Chakras ou continuer sur toute la longueur de celle-ci. Il est clair que cette localisation donne au coiffeur un renseignement précis sur les tensions de son client ou de sa cliente. La qualité de perception du professionnel lui permettra d'agir en conséquence, tant au niveau du cheveu que de la psychologie de son client.

Ce rôle de Canal Central et de perception du cheveu s'étend jusqu'aux différents corps énergétiques en relation avec les Chakras. Ce niveau subtil de perception est très important car l'individu sensible perçoit, notamment à travers ses cheveux, les différents corps énergétiques des autres. Il est donc à même de ressentir les émotions ou les intentions d'autrui. Si la relation coiffant/coiffé(e) est empreinte de peurs (la cliente a peur de changer de coiffure ou de couleur), ou encore de rapports de force ou d'opposition lorsque le coiffeur veut, par exemple, imposer un type de coiffure, celle-ci ne passera pas et la couleur ou la mise en forme ne prendront pas. Quelques cas cités en dernière partie de cet ouvrage montrent avec précision comment cela se passe. Et il n'y a là rien de magique ou de mystérieux, mais tout simplement une réaction en chaîne sur le plan hormonal qui, en liaison directe avec nos émotions conscientes ou non, conduit le cheveu à se fermer, à refuser la couleur ou la mise en forme.

Troisième partie

Coupe, lecture de coupe
et cas commentés

La coupe et l'attitude du coiffeur

Lecture de coupe et langage du cheveu
Le front découvert
La raie au milieu
Le mouvement vers la droite
Le mouvement vers la gauche
Le front couvert
Les oreilles couvertes, semi-couvertes ou dégagées
Les tempes dégagées
Les joues couvertes
La nuque dégagée

Quelques cas représentatifs
Les peurs inconscientes du moment
Les blocages du vécu présent
Les refus inconscients

La droite et la gauche
Les acceptations/transformations
Les peurs et les mémoires viscérales en rapport avec
l'identité
Les mémoires traumatiques de l'enfance
Les mémoires castratrices
Les chutes de cheveux

La coupe et l'attitude du coiffeur

Il semble évident, après tout ce que nous avons vu, que l'attitude du coiffeur vis-à-vis du client ou de la cliente, sa position de travail et sa manière de couper les cheveux sont primordiales. La qualité du résultat dépend essentiellement de tous ces facteurs que nous allons évoquer maintenant.

La relation coiffeur/client(e) commence dès l'entrée de la personne dans le salon. Le coiffeur doit être capable de déterminer dès le premier coup d'œil à qui il a affaire. Il doit, d'un seul regard, observer la personne dans sa globalité. En se basant sur les grandes lignes de coiffure telles que nous les évoquons dans la partie intitulée « Lecture de coupe et langage du cheveu » (page 84), le coiffeur repère déjà quel est le type de personnalité apparent du client ou de la cliente. Cette première lecture de coupe va lui permettre de déceler les éventuels blocages, les peurs ou les tensions qui peuvent exister chez la personne. L'ensemble de la tenue vestimentaire, la posture et le regard de cette dernière vont aussi lui donner des informations précieuses pour la suite de la séance.

Il doit aussi, dès son arrivée, être à l'écoute de l'autre et le recevoir dans une position de corps ouverte et accueillante.

S'il ressent de la tension ou de l'agressivité, il doit répondre par de la chaleur et du calme. C'est déjà à ce moment-là qu'il va permettre à la personne de commencer à se relâcher, à se détendre. Si, en revanche, celle-ci perçoit dans le salon du stress, de l'urgence ou de la tension, elle ne pourra pas elle-même se relâcher. Une grande partie du travail en profondeur sur le cheveu ne pourra pas se faire. C'est malheureusement ce qui arrive trop souvent dans certains salons dont on sort sans ressentir le moindre bien-être, au contraire.

Après cette première phase d'accueil, le coiffeur va prendre contact directement avec les cheveux de la personne. En les prenant dans ses doigts, il note si ceux-ci sont emmêlés, cassés, souples ou durs. Est-ce qu'ils accrochent, sont-ils difficiles à peigner, voire fourchus, ou bien est-ce qu'au contraire ils se démêlent facilement ? En s'appuyant sur la connaissance de la symbolique des cheveux et sur leur lecture de coupe, il va pouvoir commencer son travail. Tous les renseignements déjà recueillis vont lui permettre d'établir une relation de dialogue avec le client ou la cliente. La qualité de ce dialogue va approfondir le climat de confiance qui a été installé dès le début. La personne exprimera plus facilement ses ressentis, ses peurs ou ses tensions et le coiffeur sera à même de mieux la coiffer et par conséquent de se libérer. C'est alors que sa dimension de confident, de ce que je qualifie de « coiffeur-thérapeute », peut apparaître. Le coiffeur a toujours eu plus ou moins ce rôle de confident, à travers toutes les époques, comme nous le montre l'histoire de la coiffure. Mais aujourd'hui, il peut aller plus loin grâce à la connaissance de la psychologie du cheveu. Dans notre société moderne, aller chez son coiffeur est un des rares moments de pause que l'on s'accorde. Il s'agit donc d'un moment privilégié pour se laisser aller, se détendre, se déstresser un peu et, pourquoi pas, se libérer de tensions qui peuvent parfois être lourdes à porter et dont nous n'avons peut-être pas conscience.

Cette approche nécessite bien entendu beaucoup d'expérience et une formation dirigée dans ce sens. Elle est tout à fait incompatible avec les coupes à la chaîne et une formation purement technique. Elle demande de la part du coiffeur une présence et une vigilance de tous les instants, ainsi qu'une psychologie claire et intuitive. Mais il doit, avant tout, toujours garder une attitude d'humilité face à sa pratique. Il doit, en effet, profondément respecter le cheveu qu'il coupe, ainsi que les choix, les envies, les désirs ou les peurs de sa clientèle. Le coiffeur ne coupe pas les cheveux pour son plaisir ou pour se faire plaisir. Son rôle est d'être « transparent » ou parfois « miroir », mais jamais d'imposer quoi que ce soit. Comme je le dis souvent : « Le coiffeur doit couper, non pour coiffer, mais pour libérer l'expression de la personne. » La sagesse orientale nous enseigne qu'il est primordial de respecter profondément ce que l'on coupe. Elle nous l'enseigne dans l'art floral ou dans celui du bonsaï. Elle nous dit que nous devons respecter ce que la nature a créé et nous a confié. Chaque fois que nous travaillons le cheveu, ce doit être pour sa beauté. La fleur ou l'arbre doivent être rassurés avant d'être coupés, puis remerciés pour la beauté qu'ils nous donnent. La qualité de cette relation de respect est essentielle à la qualité du résultat et favorise la cicatrisation. Or nos cheveux sont la végétation de notre crâne.

Pour toutes ces raisons, il est important que le coiffeur ne soit pas directif, tendu ou agressif. Dans l'échange avec l'autre, les Énergies circuleront d'autant mieux que la position de son corps sera juste. Pour que celles-ci puissent circuler librement, le corps du coiffeur doit être ouvert et droit. Sa position de travail doit être détendue et toujours à la bonne hauteur par rapport à son client ou sa cliente. La colonne vertébrale ne doit pas être de travers, mais le plus possible parallèle à celle de la personne coiffée. Les deux pieds sont bien à plat sur le sol, que le coiffeur soit assis ou debout. L'espace énergétique de l'autre est ainsi respecté et le travail vibratoire de la coupe peut se faire pleinement, car les ondes générées par le rasoir vont pouvoir circuler librement. La coupe peut commencer.

Nous allons aborder avec la coupe un sujet sensible car à contre-courant de la mode. Pour moi, depuis toujours, la seule véritable coupe est la coupe au rasoir. Comme tous les coiffeurs formés à mon époque, j'avais appris cette coupe mais j'avais aussi été « emporté » par la vogue de la coupe aux ciseaux. Cependant, intuitivement, l'usage principal de cet outil (pourtant pratique) ne me semblait pas juste et je n'ai jamais abandonné le rasoir. Ce n'est qu'au bout de plusieurs années de pratique des techniques énergétiques orientales que je compris le rôle puissant et vibratoire du rasoir. Je pus donner un sens à ce que je ressentais intuitivement depuis longtemps. Ce rôle important me fut depuis confirmé par d'autres recherches faites par un bulbologue avec lequel je fais parfois des conférences.

Pour moi, il y a deux coupes de cheveux : une coupe « morte » et une coupe « vivante ». J'appelle « coupe morte » la coupe aux ciseaux pour deux raisons. La première raison est qu'avec cette coupe il est impossible de donner une direction aux cheveux. Ceux-ci sont simplement sectionnés et ne reçoivent aucune vibration. L'outil de coupe ne transmet aucune vie aux cheveux. La racine n'est par conséquent pas vitalisée et les cheveux ne peuvent pas gonfler ou changer de direction naturellement. La deuxième raison est que, dans la coupe aux ciseaux, le cheveu « pleure » car sa moelle coule. Ce phénomène se produit car les ciseaux écrasent le cheveu pour le couper. Il lui faut alors plusieurs jours pour cicatriser et pour se remettre à pousser.

La « coupe vivante » est la coupe au rasoir. À l'inverse de la coupe aux ciseaux, la coupe au rasoir tranche mais n'écrase pas le cheveu. Nous avons vu à quel point celui-ci est la « végétation » de notre crâne. Nous pouvons à nouveau le comparer à une fleur dont on coupe la tige. Tous les fleuristes vous diront qu'il est préférable de couper la tige d'une fleur avec un cutter plutôt qu'avec des ciseaux. La tige, tranchée en biais, absorbera mieux l'eau car elle n'aura pas été écrasée par les ciseaux, même bien affûtés.

La coupe au rasoir est « vivante » car elle transmet une vibration très puissante dans tout le cheveu et même au-delà. Lorsque je prends une mèche de cheveux, je ne tire pas dessus mais je laisse glisser le rasoir. Je dirige alors la mèche là où je veux qu'elle soit en finalité, et la position du bulbe se rectifie naturellement. C'est possible car le rasoir, en glissant sur le cheveu, le fait vibrer jusqu'à sa racine. Il est une sorte d'archet qui joue une mélodie sur des milliers de cordes. Les vibrations émises sont perçues d'une manière plus ou moins forte selon les individus. Elles ont un effet physiologique et un effet énergétique. Sur le plan physiologique, elles vont tout d'abord descendre le long du cheveu puis aller stimuler la racine et la papille. Cette excitation de la racine et de la papille augmente l'apport sanguin et revitalise le cheveu. Le muscle érecteur situé à ce niveau se contracte à son tour, faisant « sortir » le cheveu plus droit de son follicule pileux. Si le cheveu est fin, il sera ainsi plus gonflé et, quelle que soit sa nature, il aura une bien meilleure tenue. En outre, la vibration émise est enregistrée par toutes les terminaisons nerveuses qui se situent autour de chaque racine et qui sont en relation avec le système nerveux autonome de la personne. Enfin, pendant la coupe au rasoir, je fais bouger les cheveux dans tous les sens. Ce mouvement et cette excitation du bulbe et du follicule pileux vont les tonifier et réveiller les « mémoires » du cheveu. Tout ce travail produit un étonnant effet et laisse une agréable sensation, donnant l'impression de se sentir plus léger dans son corps.

Cela n'est pas très étonnant si nous considérons le phénomène vibratoire qui se produit, en analysant son effet
énergétique. Le rasoir est un archet qui fait vibrer le cheveu comme l'archet du violoniste fait vibrer les cordes du
violon. La vibration ainsi émise descend le long du cheveu
jusqu'à la racine de celui-ci. L'onde se propage alors dans
le crâne, le cerveau et le cervelet, puis dans tout le corps de
la personne en descendant le long de la colonne vertébrale
jusqu'à son sacrum.

Elle rencontre au cours de ce parcours les différents Chakras. Ces Chakras sont des zones énergétiques particulières
dont nous avons parlé dans le second chapitre (page 65).
Selon les personnes, la vibration peut irradier plus particulièrement dans l'un d'entre eux, voire s'y arrêter complètement. Il est clair que le point de manifestation de la vibration est très parlant. Il donne le niveau vibratoire qui est en
tension chez la personne. Grâce aux caractéristiques énergétiques de ce point, il sera possible d'en déduire quel type
d'émotion est en cause. Comme toutes les vibrations, celles
qui sont émises par le rasoir vont des aigus vers les basses.
Cela se passe un peu comme ces ricochets que nous avons
tous plus ou moins faits un jour. En lançant une pierre plate
à la surface d'une mare ou d'un lac, nous avons tous pu
observer que les ricochets ou les rebonds sont au début très
éloignés puis progressivement de plus en plus rapprochés.
Il en est de même pour la propagation d'une onde. Sa fréquence est d'abord très « large » puis elle « se rapproche »
progressivement, au fur et à mesure de sa propagation, jusqu'à être « plate », c'est-à-dire qu'il n'y a plus d'onde.
Lorsque la fréquence est très rapprochée et courte, nous
sommes dans les aigus et, lorsqu'elle est étale et large, nous
sommes dans les basses.

L'onde émise par le rasoir lors de la coupe descend le long
du cheveu puis de la colonne vertébrale en allant de l'aigu

vers la basse. Elle entre ainsi en correspondance avec les niveaux vibratoires de la colonne vertébrale mais aussi des Chakras. La zone lombaire et le Chakra racine sont en effet d'une fréquence vibratoire basse et cette fréquence augmente au fur et à mesure que l'on remonte vers la tête. Les vertèbres deviennent plus petites et le niveau vibratoire de chaque Chakra devient plus élevé. Il y a 7 Chakras, de la même manière qu'il y a 7 cervicales, 7 notes de musique et 7 couleurs (fréquences) dans l'arc-en-ciel. Dernier élément intéressant : la lame du rasoir que j'utilise mesure 7 centimètres.

Selon le besoin de la personne, le point de la lame utilisé pour la coupe va émettre une fréquence particulière. Celle-ci va aller stimuler, revitaliser le niveau énergétique qui lui correspond. En permettant ainsi à la circulation énergétique de se refaire, elle va débloquer, libérer les tensions emmagasinées. La « remontée » émotionnelle se produit alors. Les émotions émergent au conscient et les tensions physiologiques se dissolvent. C'est ce que nous pourrons découvrir d'une façon étonnante en lisant les différents cas cités dans la dernière partie de l'ouvrage (page 92).

En fonction du besoin, les vibrations émises peuvent être de nature tonifiante ou de nature apaisante. Elles peuvent aller stimuler le Yang, donnant ainsi de l'énergie, ou bien aller stimuler le Yin, calmant ainsi l'énergie de la personne.

Nous pouvons voir à quel point l'acte de coiffer et de couper des cheveux n'est pas anodin. Il est, bien au contraire, un acte puissant et chargé de toute une profonde symbolique humaine. Pour toutes ces raisons, le coiffeur ne peut pas être un simple technicien. Il doit prendre en compte toute la dimension humaine de sa profession et de la portée de ses gestes, car ceux-ci peuvent participer grandement au développement et à l'équilibre de ses clients ou clientes. Nous avons vu dans le deuxième chapitre, consacré à l'Énergétique capillaire, que les Orientaux avaient saisi cela. Leur codification particulière donne un sens à cette approche et nous permet de comprendre pourquoi les choses fonctionnent ainsi. Cette dernière partie de l'ouvrage va nous permettre de voir, à travers de nombreux cas commentés, à quel point cela fonctionne de cette façon. Mais seulement voilà, jusqu'à présent nous ne le savions pas...

Lecture de coupe et langage du cheveu

Lorsque l'on s'intéresse au sujet et que l'on parcourt toute la littérature abondante existante, on se rend compte du rôle capital du cheveu. Véritable système de notre vie organique et psychique, il participe à notre vie consciente et non consciente de tous les jours. Il se déploie autour de notre tête qu'il habille et vibre au-delà de cette limite physique. C'est pour cette raison que ce que j'appelle la lecture du cheveu, ou plutôt la lecture de coupe, me donne énormément d'informations. Celles-ci vont me permettre de donner une signification précise de ce qui se passe chez l'individu.

La chevelure est une véritable antenne énergétique, un organe de connaissance ultrasensible qui inspire des intuitions pour mieux connaître les gens que je coiffe. Les cheveux sont alors l'auréole de notre visage, le reflet de ce que nous sommes et de ce que nous vivons. Notre couronne capillaire se trouve placée dans notre premier corps énergétique. Elle y capte donc une grande quantité d'informations dont nous n'avons pas toujours conscience. Mais grâce à elle et à travers cette lecture de ce corps subtil, il va m'être possible de déceler le mal-être ou le mal de vivre de la personne.

Nos cheveux entourent notre visage, ils l'habillent, le mettent en valeur, lui donnent un équilibre et même le prolongent. Ils peuvent cependant aussi servir à le cacher, le banaliser ou le déformer. Dans tous les cas, ils dévoilent notre personnalité, en soulignant souvent les traits de caractère et même parfois nos désirs et recherches inconscients. Bref, nos cheveux parlent de nous !

Ce n'est pas en choisissant une coiffure dans un magazine que nous pourrons mettre en valeur notre personnalité. Ce sera toujours plus ou moins réussi, mais ce ne sera pas nous. Le visage de la personne ne sera pas le même, les cheveux n'auront rien à voir avec ceux du mannequin photographié. Ce que j'appelle la « matière première » sera totalement différent. Il est toujours possible de partir d'un modèle mais il sera important de l'adapter au sujet. Il est nécessaire et essentiel de pouvoir travailler plusieurs fois les coupes et coiffures pour voir comment celles-ci réagissent sur l'ensemble du visage et de la personne. C'est en fait un peu comme une terre glaise que le sculpteur travaille. Il la façonne encore et encore pour faire apparaître le sujet. Je dois de la même manière pouvoir travailler cette matière première qu'est la chevelure pour pouvoir faire émerger une nouvelle coiffure. C'est pourquoi dans ce travail d'approche, sachant ce que représente une coiffure, ce n'est pas en imitant quelqu'un que l'on peut se découvrir, mais en cherchant patiemment et en étant bien conseillé. Le véritable travail du coiffeur holistique est de nous guider en nous expliquant comment être mieux dans nos cheveux, compte tenu de notre vécu, de ce que nous sommes. Il nous aide à équilibrer les lignes et les volumes. En faisant cela, il nous aide à trouver notre coiffure et par conséquent à nous trouver nous-mêmes.

Comprendre l'importance et l'utilité des cheveux comme moyen de connaissance de soi est d'autant plus difficile qu'il est impossible de les voir soi-même dans toute leur apparence. Même s'ils sont longs, il est nécessaire d'avoir un miroir pour le faire. Or ce miroir fausse l'image reçue car il l'inverse et, de plus, il ne donne de notre chevelure qu'une image partielle. Si, de surcroît, nous voulons voir nos cheveux derrière la tête ou sur les côtés, ce sont plusieurs miroirs qui sont nécessaires, sans pour autant que cela nous donne une image qui reflète la réalité. Ce n'est que pour le regard de l'autre que notre chevelure dégage tout son rayonnement avec l'ensemble des significations qui y sont attachées.

Il est facile, en revanche, d'éprouver la sensation physique d'avoir des cheveux. On peut les toucher, les caresser, les disposer à son gré. Mais dès qu'il s'agit d'en appréhender pleinement l'odeur, par exemple, de nouvelles impossibilités surgissent, qui renforcent la difficulté de connaître exactement ce qu'ils révèlent aux autres. Un peintre exprime à sa façon cette puissance d'expression de la chevelure : « Quand je fais un portrait et que le visage vient mal, je m'en tire en traitant d'abord les cheveux. Ils sauvent le visage et le créent. » C'est pourquoi celui qui a le privilège de nous voir tout entier dispose de plus d'informations et de moyens de savoir ou de sentir qui nous sommes. Cela se passe souvent inconsciemment mais, lorsqu'il s'agit du coiffeur, il est essentiel que celui-ci puisse saisir et accepter ses intuitions. Elles lui permettront de faire cette lecture de coupe qui est à la base de tout travail de révélation de soi.

Suivant la façon dont ils sont ordonnés autour de notre visage, nos cheveux parlent de nous. La lecture de coupe me permet d'y découvrir les peurs du client, ses angoisses, ses stress, ses blocages éventuels, sa façon d'agir dans la vie, ses désirs et ses recherches profonds, conscients ou inconscients. Je dirais que notre chevelure est une mise en scène de tout cela, dans laquelle nos cheveux ont la parole, au niveau et avec la verve que nous leur avons octroyés. Ils expriment alors ce que nous voulons bien laisser voir de nous-mêmes.

Alors, comment peut-on lire sa coupe de cheveux ? Je vais vous donner quelques grandes lignes générales afin que vous puissiez un peu mieux comprendre. Il faut cependant savoir que nous sommes ici comme en astrologie. Les significations générales des signes ou des planètes donnent des grandes lignes de compréhension mais ne sont pas un thème. Les types et parties de coupe détaillés ci-après sont pareils. Ils ne donnent que des grandes lignes dans lesquelles chacun pourra reconnaître les axes majeurs qui le concernent. Chacun de ces axes se combine avec d'autres pour composer la coiffure de la personne, comme par exemple un **front découvert**, avec une **raie au milieu** et des **oreilles couvertes**. Ils ne peuvent donc pas, en eux-mêmes, fournir une signification détaillée, précise, de chaque cas particulier qu'est un être humain, mais doivent être combinés. Pour cela, il est nécessaire d'avoir une lecture personnalisée suivie d'une réflexion personnelle sur ce qui en est ressorti. Je ne compte pas le nombre de client(e)s qui ont compris et sont revenu(e)s transformé(e)s seulement après la deuxième séance de travail.

Le front découvert

Le front découvert avec les cheveux coiffés vers l'arrière est souvent le signe que la personne aime aller de l'avant. Je dis d'ailleurs fréquemment dans ces cas-là : cheveux face au vent, comme les sirènes, les figures de proue situées à l'avant du bateau et qui fendent l'air et les vagues. Il s'agit souvent de personnes qui n'ont pas peur d'affronter la vie. Ce terme vient d'ailleurs de front. Elles osent avancer et n'ont pas peur d'affronter le regard des autres. Ce sont des personnes dynamiques, fonceuses, même si elles peuvent parfois manquer de délicatesse dans leur manière d'avancer.

Elles aiment la vie et le contact avec les autres, et l'on a rarement rencontré des personnes dépressives qui se coiffent avec le front découvert. En dernier lieu, le front découvert dégage le Chakra du Troisième Œil. Cela signifie que ces personnes sont prêtes à recevoir les messages, les informations de tous types qui peuvent leur arriver (intuitions, pressentiments, capacité à anticiper, etc.).

La raie au milieu

La raie au milieu nous permet de voir tout de suite la recherche de symétrie, d'équilibre, entre les deux côtés. Cette recherche de l'ordre entre la droite et la gauche est le signe d'une volonté d'équilibre intérieur entre le Yin et le Yang, la droite et la gauche, l'*anima* et l'*animus*, le féminin et le masculin en soi. Cela dénote également une certaine rigueur intérieure liée à la recherche d'équilibre. Le besoin de solidité et de justesse, voire de justice, est clairement exprimé.

Le mouvement vers la droite

Dans le cas d'un mouvement vers la droite, la raie se trouve à gauche et les cheveux, inclinés en mèche sur le front, sont envoyés vers la droite, c'est-à-dire vers le Yin. Nous sommes là en présence d'une tentative de couverture de ce Yin, c'est-à-dire du féminin, de ce qui est en rapport avec ce féminin, que ce soit en nous ou à l'extérieur de nous. Le sens de ce féminin peut être réel (féminité) ou symbolique (mère, femme, maîtresse, fille, entreprise, église ou religion, etc.). Il s'agit là d'une certaine difficulté à accepter ce féminin qui peut aller jusqu'au désir de l'occulter, ou d'une tension avec ce que la symbolique féminine peut représenter. Le Yin représentant aussi la structure des choses, il peut s'agir d'une soumission aux structures en général.

Le mouvement vers la gauche

Dans le cas d'un mouvement vers la gauche, la raie se trouve à droite et les cheveux, inclinés en mèche sur le front, sont envoyés vers la gauche, c'est-à-dire vers le Yang. Nous sommes là en présence d'une tentative de couverture de ce Yang, c'est-à-dire du masculin, de ce qui est en rapport avec ce masculin, que ce soit en nous ou à l'extérieur de nous. Le sens de ce masculin peut être réel (virilité) ou symbolique (père, mari, amant, fils, hiérarchie, autorité, etc.). Il s'agit là d'une certaine difficulté à accepter ce masculin qui peut aller jusqu'au désir de l'occulter, ou d'une tension avec toute la symbolique du masculin (tension avec l'autorité par exemple). Le Yang représentant aussi la personnalité des choses, il peut s'agir d'une volonté réactive d'exprimer sa personnalité et, par conséquent, d'un manque de confiance en elle.

Le front couvert

La plupart du temps, nous avons affaire dans ce cas à des personnes qui « se cachent » derrière une frange. Celle-ci couvre le front et représente une sorte de refuge pour ceux qui n'osent pas affronter la vie. La peur de se dévoiler ou une certaine timidité amènent cette couverture du front. Longue, épaisse, courte ou effilée, chaque type de frange a un sens propre et parle du niveau de protection dont la personne a besoin. Cette couverture du front est aussi le signe que nous sommes en présence de sujets qui ont une vision du monde ou d'eux-mêmes en retrait, voire en protection, ou fermée. En se cachant le Troisième Œil, ils se coupent d'une perception fine du monde et nous avons là, souvent, des personnes qui n'ont pas confiance ou conscience de leur intuition.

Les oreilles couvertes, semi-couvertes ou dégagées

L'oreille représente notre capacité d'écoute mais aussi nos structures profondes. Elle est d'ailleurs associée au même principe énergétique que le cheveu puisqu'elle appartient au Principe de l'Eau. De ce fait, elle est aussi porteuse de l'intimité de la personne. C'est pourquoi les femmes ont les oreilles plus souvent couvertes que les hommes, car leur pudeur est plus développée. Les oreilles couvertes signifient, par conséquent, le besoin de protéger, de couvrir son être, voire de le protéger. Il peut même s'agir, à l'extrême, d'une volonté d'isolement ou du désir de n'entendre que ce que l'on veut. C'est en général le cas lorsque cette couverture de l'oreille n'est pas naturellement liée au tombé de la coiffure, mais ostensiblement recherchée par la manière de se coiffer ou par la coupe.

À l'inverse, bien entendu, les oreilles découvertes sont le signe d'une ouverture au monde. Ces personnes manifestent une volonté d'écoute sans *a priori*, ainsi qu'un désir de se montrer telles quelles. Cette attitude ressemble beaucoup à l'impudeur des enfants qui expriment librement, et en toute innocence, ce qu'ils ressentent et ce qu'ils sentent, et pour qui la nudité ne représente rien de particulier. Cette signification est plus marquée chez les femmes que chez les hommes. La coiffure de ces derniers est en général telle qu'elle dégage obligatoirement les oreilles. Cela correspond bien au côté Yang des hommes et à ce besoin qu'il ont de se montrer et de se démontrer par l'extériorisation.

Lorsqu'une seule des oreilles est couverte et que l'autre est dégagée, nous exprimons plus précisément de quel côté nous sommes prêts à entendre et de quel côté nous nous protégeons, nous mettons un écran, de la distance entre le monde et nous-mêmes.

Si l'oreille droite est couverte, la protection ou le filtre mis en place sont en rapport avec le Yin, la symbolique maternelle, le féminin. Il s'agit donc là de personnes se protégeant de ces niveaux féminins extérieurs (mère omniprésente, femme ou fille qui demande beaucoup ou « casse les oreilles » par des récriminations incessantes, etc.), ou intérieurs (manque de confiance dans sa féminité ou difficulté à la vivre par exemple). Cette même oreille droite découverte signifiera l'inverse, c'est-à-dire la confiance et l'ouverture par rapport à toutes les dynamiques « féminines ».

Si l'oreille gauche est couverte, la protection ou le filtre mis en place sont alors en rapport avec le Yang, la symbolique paternelle, le masculin. Il s'agit donc là de sujets se protégeant de ces niveaux masculins extérieurs (père autoritaire ou omniprésent, mari ou fils qui « casse les oreilles » par des récriminations ou des demandes incessantes, etc.), ou intérieurs (manque de confiance dans sa masculinité, son autorité ou difficulté à vivre celles-ci par exemple). Cette même oreille gauche découverte signifiera l'inverse, c'est-à-dire la confiance et l'ouverture par rapport à toutes les dynamiques « masculines ».

Les tempes dégagées

Les tempes dégagées sont pour moi synonymes d'ouverture sur le monde. Cela permet « d'agrandir » son regard et je confie souvent à mes client(e)s que cela leur permet d'avoir un autre regard sur eux-mêmes ou sur le monde. À l'inverse, les tempes couvertes sont le signe d'une personne intériorisée qui a du mal à se livrer, à montrer ses sentiments.

Les joues couvertes

Nous sommes là aussi en présence d'une personne qui a du mal à se montrer. Il s'agit en général d'une personne timide, dont les joues rougissent facilement. Les cheveux ramenés sur celles-ci lui donnent l'impression d'être un peu protégée ou que cela se voit moins. Elle cache ainsi sa timidité.

La nuque dégagée

La nuque représente le Moi profond. Ce sont « les arrières » de la personne. Ne dit-on pas de quelqu'un qu'il a des idées derrière la tête ? Il s'agit donc d'une partie cachée. Couper les cheveux sur la nuque, c'est quelque part se révéler, se montrer tel quel, voire pour les hommes se montrer « brut de fonderie », sans nuances. C'est aussi se dévoiler, dévoiler ses arrières et « mettre à l'air » ou au jour ses appuis ou ses références profondes.

Quelques cas représentatifs

Nous allons tout d'abord illustrer, à travers quelques cas représentatifs, la puissance des émotions et leurs effets sur le cheveu. Nous allons voir à quel point des peurs simples mais fortes ou des refus inconscients peuvent empêcher le travail et même les produits de traitement d'agir sur les cheveux. Nous allons également voir à travers deux cas précis à quel point l'acceptation du travail effectué sur le cheveu et la compréhension de son sens profond peuvent libérer totalement un individu et lui redonner toute sa confiance en lui et dans la vie.

Les peurs inconscientes du moment

Une personne est venue un jour au salon suite à un article paru dans la revue *Psychologie*. La lecture de celui-ci lui a donné l'envie de venir me voir, car elle a depuis toujours un problème avec les permanentes qu'on lui fait et qui ne tiennent pas. Elle me confie donc qu'elle est venue pour trouver une solution à ce problème qui la gêne.

Au cours de l'entretien préalable au travail du cheveu, je lui propose d'essayer de trouver pourquoi ses permanentes restent toujours trop légères et, par conséquent, ne tiennent pas. Très rapidement, au fil de la conversation, les raisons commencent à émerger. Je découvre, comme souvent, des motifs très simples, qui rejoignent le monde des peurs (Principe de l'Eau) qui résident chez ma cliente.

Il s'avère, en effet, qu'elle a la hantise « d'être trop frisée » ! De ce fait, chaque fois qu'on lui faisait une permanente, pendant la mise des rouleaux et le temps de pose, ses trois premiers corps énergétiques (éthérique, mental et astral) étaient imprégnés de cette peur, même si celle-ci n'était pas exprimée réellement. Bien que rien ne transparaisse, la coiffeuse percevait cette peur plus ou moins consciente au niveau de ses propres corps énergétiques. Elle recevait alors toute l'angoisse de sa cliente et se l'appropriait car la relation coiffeur/coiffé(e) est toujours forte. Ayant à son tour inconsciemment peur que la permanente soit trop frisée, la coiffeuse rinçait prématurément. La conséquence immuable était que la frisure, qui n'avait pas eu suffisamment le temps de prendre, était trop souple et manquait de tenue.

L'analyse et la découverte de la problématique de base de la cliente me permirent de lui promettre que sa permanente tiendrait. Ma collaboratrice et moi-même fûmes très attentifs et présents, aussi bien pendant l'enroulage que pendant le temps de pose du produit. La permanente fut un succès et la cliente est repartie heureuse, transformée et ayant retrouvé beaucoup d'assurance et de confiance en elle.

Un autre cas de peur dans l'instant qui empêche le travail sur le cheveu de se faire est celui de Manuela. Cette cliente et amie de plus de vingt ans vient me voir pour une permanente. Nous n'avons jamais eu le moindre problème avec ses cheveux. Ma collaboratrice enroule comme d'habitude la permanente et décide de la frisure. Cependant, au moment de rincer et de fixer le travail, elle est très occupée avec une autre cliente et demande à un nouvel assistant (que ma cliente ne connaît pas) de le faire à sa place.

Manuela, ne connaissant pas ce garçon, a eu peur et ne lui a pas fait confiance bien que celui-ci connaisse bien son travail. Au rinçage final, il n'y avait aucune frisure, la permanente n'avait pas pris. Or, le travail ayant été effectué de la même façon et avec autant de soins que d'habitude, il n'y avait aucune raison pour que cela ne soit pas réussi. Simplement, la peur générée par la cliente avait empêché la permanente d'être fixée pour tenir dans le temps.

Un autre cas représentatif de peur est celui de Josée. Cette personne que je coiffe depuis plusieurs mois est devenue une amie depuis que nous avons fait un séminaire ensemble. En septembre 1995, elle vient au salon pour se faire faire un balayage. Ma collaboratrice fait le travail demandé en balayant délicatement au peigne, avec une poudre blanche, les cheveux de Josée. Au bout de quarante-cinq minutes de temps de pose, Carole vient me voir affolée en disant que le balayage ne prend pas. « Je n'y comprends rien, me dit-elle, car j'ai dosé exactement comme sur sa fiche du mois d'avril, mais aujourd'hui le cheveu ne se décolore pas, le produit n'agit pas. » Je demande alors à ma collaboratrice de rincer, puis je vais vers Josée pour lui expliquer ce qui se passe. La connaissant bien, je l'interroge aussitôt sur les raisons de ce blocage.

Josée me confie alors qu'elle avait fait la connaissance d'un homme plus jeune qu'elle pendant son dernier stage. Elle avait beaucoup de difficultés à accepter cette situation qui ne cadrait pas avec ses normes « morales » du moment. Lorsque Carole en eut terminé avec le balayage, la cliente a vu dans le miroir ses cheveux pleins de raies blanches, contrastant fortement avec sa couleur naturelle. Elle eut alors la vision d'une « vieille femme avec des cheveux blancs ». Sa peur a aussitôt totalement bloqué l'effet du produit chimique. La crainte d'être vieille, générée et dramatisée par sa situation personnelle du moment, avait inhibé l'action du produit. L'interdit inconscient avait agi avec force mais aussi négativement, puisque le traitement devait donner de la lumière à ses cheveux. Sans doute qu'au-delà du simple blocage dû à la peur « d'être vieille », on peut aussi envisager une manière inconsciente de s'empêcher d'être vraiment belle et de plaire à cet homme plus jeune.

Les blocages du vécu présent

Les situations que nous traversons et la manière dont nous les vivons agissent parfois profondément en nous et impliquent des bouleversements biologiques importants. Le cas d'Ermine est très significatif à ce sujet.

Ermine est une cliente que je coiffe depuis près de vingt ans et ses permanentes ont toujours été un succès. Pourtant, au cours de ces dernières années (trois ou quatre ans environ), force m'est de constater qu'elles ne prennent plus du tout. Il est souvent vrai que l'on accorde un peu moins d'attention aux amis et que je mis un peu de temps à réagir. Je finis par le faire, mais comme je ne voyais pas d'où cela pouvait venir, je décidai de surveiller étroitement toutes les interventions techniques et chimiques. Une nouvelle fois, notre tentative fut un échec. Que se passait-il donc ?

Ce fut mon intuition qui vint à mon secours en me donnant une piste intéressante. La cause de tous ces échecs résidait dans la période difficile qu'Ermine était en train de traverser. Elle était en effet engagée dans une difficile procédure de divorce. Son conjoint étant particulièrement retors dans cette affaire, et elle devait se montrer inflexible, d'une rigidité et d'une détermination sans faille. Alors qu'elle était une petite femme plutôt fragile, elle ne pouvait pas s'abandonner à la souplesse mais être, au contraire, « raide comme la justice ». Ses cheveux avaient enregistré cette attitude de fond et étaient eux-mêmes devenus raides et intraitables. Ma cliente fut bouleversée par cette découverte qu'elle ne pouvait que reconnaître. Nous convînmes qu'il était préférable de laisser les choses s'assouplir à nouveau avant de reprendre les permanentes, car insister ne pouvait que maltraiter les cheveux et endurcir un peu plus cheveux et psychologie.

Je voudrais enfin citer un autre cas de « libération » d'une tension énergétique emmagasinée au cours d'un vécu présent. Il s'agit de celui d'une femme, thérapeute de profession, qui m'avait été adressée par l'une de ses amies. Dès son arrivée, cette nouvelle cliente me prévint qu'elle ne voulait absolument pas que je lui coupe les cheveux court. Elle désirait simplement que je les lui raccourcisse de un à deux centimètres maximum, « pour ressentir les vibrations » me dit-elle alors.

Je compris aussitôt, à cette attitude, que cette cliente avait, d'une part, intégré une mémoire émotionnelle bloquante par rapport à la coupe des cheveux, et d'autre part, qu'inconsciemment et sous prétexte de curiosité pour ma technique de coupe au rasoir, elle cherchait à se libérer de cette tension. Je fis donc dans un premier temps tout ce qu'il fallait pour la rassurer et je m'engageai à ne pas lui couper le moindre millimètre de plus que ce qu'elle voulait.

La cliente se relâcha un peu alors et me confia sa dernière aventure chez un coiffeur. « Il y a un peu plus d'un an, ma coiffeuse m'a coupé les cheveux "trop" court et en particulier la mèche sur le devant "dans tous les sens". Je suis sortie de ce salon en larmes », me dit-elle. Tout en la laissant finir de me conter cet épisode soi-disant anodin bien que désagréable, je continuai à mettre la cliente en confiance en accompagnant en permanence mon travail de coupe d'explications. De plus, je lui montrai, pratiquement pour chaque mèche, que je respectais bien la longueur souhaitée. Lorsque j'arrivai à la mèche frontale, je lui dis que nous ne pouvions pas laisser des mèches aussi inégales et inesthétiques. Elle me répondit : « Je n'y ai pas touché depuis un an, faites ce qu'il faut. » Cette réponse simple me fit comprendre que le climat de confiance était installé et que le véritable travail de fond allait pouvoir se faire.

Je pris donc la mèche frontale et commençai à la travailler au rasoir pour l'égaliser et la restructurer jusqu'à la racine par le travail vibratoire de la lame. Quasi instantanément, la cliente ressentit dans son dos un point de tension très fort qui irradia tout son corps et se diffusa. Elle comprit aussitôt à quel point elle s'était tendue inconsciemment au cours de l'épisode qu'elle m'avait raconté. Tout son être, et par incidence son corps, s'était bloqué dans le refus et la Non-

Acceptation de la coupe qui lui avait été imposée. Elle avait manifestement vécu tout cela comme une non-prise en compte d'elle-même et de sa demande, et cette négation par l'autre avait déclenché en réaction la fermeture de son plexus cardiaque. La douleur dorsale qui venait de se manifester a été le signe du relâchement de ce blocage mémorisé dans son corps et ses cheveux. La vibration du rasoir avait permis le rétablissement de la circulation énergétique et la libération de la tension physiologique. Bien entendu, cela ne fut possible que parce que j'avais su dans un premier temps rétablir le climat de confiance qui avait été rompu il y a un an entre la cliente et sa coiffeuse. Le fait que j'aie pu couper cette mèche sans lutte ni agressivité, sans imposer quoi que ce soit et en respectant les souhaits et les peurs de cette personne, l'a réconciliée avec le monde de la coiffure. Elle quitta mon salon radieuse et très heureuse de ce qu'elle venait de vivre.

Les refus inconscients

Toujours dans le registre des peurs et des refus, le cas de Mme Josiane D. est fort représentatif des mécanismes inconscients du refus. Cette cliente était venue me voir pour un décollement de racines juste sur le vertex (sommet du crâne). Comme elle possède des cheveux fins, je lui précise que je vais utiliser de plus gros rouleaux pour la mèche de devant et pour les côtés afin d'obtenir une meilleure homogénéité de l'ensemble. Elle ne semblait pas d'accord avec cela et montrait même une réticence certaine. J'insiste en lui expliquant les choses et elle finit par accepter.

Je demande alors à ce que son décollement de racines soit fait sur l'ensemble de sa chevelure. Après le travail, à ma grande surprise, les cheveux sur le vertex sont bien, beaux et souples comme elle les souhaitait. En revanche, la mèche et les côtés, malgré la pose des plus gros rouleaux et l'utilisation des mêmes produits, ne sont pas nets. Ils paraissent même abîmés, crêpés. Je termine sa coiffure par un brushing et la cliente part en vacances pour les fêtes.

À son retour, elle revient me voir et me fait part de son mécontentement. Ayant par avance compris ce qui s'était passé, je lui propose un entretien. Quelle a été votre intention lorsque je vous ai proposé de vous faire un décollement sur l'ensemble de la tête ? Elle me répond vigoureusement : « Je n'en voulais pas ! » En fait, elle avait accepté pour me faire plaisir mais son inconscient s'était bloqué dans le refus, la lutte d'opinion. Elle ne pouvait accepter l'idée de changer de position et je n'avais pas su « désamorcer » le refus intérieur en rassurant plus la cliente. De ce fait, aux endroits qu'elle n'avait pas choisis et, par conséquent, où elle ne désirait pas le travail proposé, le résultat fut mauvais, bien que le traitement ait été le même.

J'expliquai tout cela à la cliente. Elle avait manifestement réfléchi plus ou moins consciemment à la chose, car elle fut pleinement d'accord avec mon analyse. Aussitôt, nous pûmes reprendre le travail sur ses cheveux qui sont redevenus souples et beaux. Il est intéressant de noter à quel point la peur et le refus sont des énergies de blocage et d'opposition, mais aussi à quel point notre inconscient peut agir précisément. Car ce n'est pas toute la chevelure de cette cliente qui a réagi à ces émotions négatives, mais très précisément les zones où elle ne voulait pas que les choses se passent.

Dans le même cadre des refus inconscients qui empêchent les choses de se faire, je garde aussi en mémoire le cas d'une amie cliente depuis quelques années de mon salon. Nous avons fait ensemble un grand travail pour faire pousser ses cheveux et leur donner de la souplesse. Cette amie a en effet un cheveu de nature très Yang, c'est-à-dire court et raide.

Depuis un an ou deux, je peux lui faire des minivagues sans aucun problème. Ses cheveux blancs devenant de plus en plus nombreux, nous envisageons ensemble de les colorer un peu avec une simple application de Diacolor. Afin que celui-ci prenne mieux, je lui propose de le faire le jour de sa minivague. Nous avons élaboré ce programme avec ma coloriste et cette cliente. Cependant, sans doute du fait qu'il s'agissait d'une amie, j'ai totalement omis de lui préciser le ton choisi, bien qu'avec ma coloriste nous sachions quelle teinte faire.

Au moment d'appliquer la couleur, comme nous avions beaucoup de monde au salon ce jour-là, Carole, d'un signe, me fait comprendre qu'elle applique la nuance dont nous pensons avoir convenu ensemble. J'omets cependant à nouveau de préciser celle-ci à la cliente. Dès l'instant où elle a senti le pinceau sur son cuir chevelu, cette amie prit peur car elle ne savait pas quelle teinte avait été choisie. Au rinçage, Carole constate avec étonnement que le ton obtenu n'a rien à voir avec la nuance originale. J'en parle aussitôt avec ma cliente qui me confie avec une grande franchise que, n'ayant pas été tenue au courant du choix de la couleur, elle a été paniquée quant au résultat. Cette peur intense a provoqué un rejet de la couleur, qui n'a pu prendre. L'émotion et la chimie organique qui en découle ont été plus fortes que le produit colorant.

La droite et la gauche

La question des latéralités dans le corps humain est controversée, car la psychologie pense que la droite est représentative symboliquement du père alors que la gauche est représentative de la mère. Cependant, la tradition énergétique orientale, et notamment son écrit de référence qu'est le fameux *So Ouenn Nei King*, nous disent que, dans le corps humain, c'est l'inverse. Cette confusion gênante vient du fait qu'il y a une différence entre les niveaux concernés. Annick de Souzenelle l'a bien compris qui, dans son ouvrage sur la symbolique du corps humain, fait la différence entre le corps dit « ontologique » (non manifesté, non matériel, virtuel) et le corps physique. Ainsi que l'explique le livre *Dis-moi où tu as mal, je te dirai pourquoi*, publié chez Albin Michel, les latéralités et leurs symboliques s'inversent entre le corps physique et ses symptômes par rapport à ce qu'elles signifient dans l'inconscient humain. De ce fait, toute manifestation physique présente (douleur, symptômes, traumatisme, etc.) s'appuie sur une symbolique « paternelle, masculine » à gauche et « maternelle, féminine » à droite.

Je vais simplement illustrer cela à travers deux cas représentatifs. Le premier de ces cas est celui de Mme Martin. Cette cliente vient me voir après une conférence et elle a une coupe de cheveux pitoyable. Tout le côté gauche de sa tête et sa nuque sont complètement « hachurés » et ses cheveux vont dans tous les sens. Le côté gauche « représentant » le masculin, comme nous venons de le voir, je lui demande si elle a actuellement des difficultés dans sa vie, mettant un homme en cause. Ma cliente réagit vivement en me disant : « Mais je croyais que le côté gauche représentait la mère, le féminin. » Je lui explique alors l'inversion et que, dans « le manifesté, le créé », c'était le père, le masculin.

Sa surprise passée, ma cliente réfléchit, puis reconnaît avoir des problèmes avec son gendre qui amène sa fille à vouloir divorcer. Or Mme Martin apprécie son gendre et est très perturbée par cette situation qu'elle vit comme une déchirure, car elle ne peut que soutenir sa fille. Je lui demande alors : « Depuis combien de temps votre coiffeuse actuelle ne réussit-elle plus à coiffer ce côté ? » « Six mois ».

me répond-elle. Ce qui correspond parfaitement au début de la période difficile.

La cliente avait traduit dans ses cheveux sa déchirure intérieure et exprimait par là celle de son Moi profond. Je fis une première coupe pour commencer à rectifier l'ensemble, puis elle revint pour une deuxième coupe quelques semaines plus tard. Les cheveux avaient déjà commencé à lâcher et étaient beaucoup mieux. À l'issue de la deuxième coupe, ils étaient complètement transformés au point qu'ils avaient changé de sens et se coiffaient facilement vers la gauche. Ma cliente avait manifestement « lâché » elle aussi par rapport à son gendre, et semblait mieux à même d'accepter la situation, voire d'y prendre une part active plus sereine.

Le deuxième de ces cas est celui de Steve. Ce thérapeute, que j'avais rencontré au Canada, vint un jour me parler de ses cheveux. Il souhaitait changer sa coiffure qui était structurée autour d'une raie sur le côté gauche et d'une mèche qui retombait sur le front en couvrant le côté droit. Cependant, il n'arrivait pas à changer le sens de ses cheveux, malgré de nombreuses tentatives.

Je lui propose alors de réfléchir à tout cela. Je lui indique que, vu l'inclinaison et la direction de sa mèche vers la droite, il devait sans doute avoir des tensions ou un différend avec quelque chose de féminin dans sa vie. Il marqua sa surprise, pensant que la droite portait une symbolique masculine, et je lui expliquai l'inversion. J'ajoutai aussi que la symbolique maternelle pouvait s'élargir à tout ce qui est « maternel » dans la vie, c'est-à-dire ce qui protège et nourrit. C'est, par exemple, le cas de l'entreprise, de l'Église ou de l'armée. Très vite, Steve fit le rapprochement à chacun des niveaux. Pour échapper à la domination de sa mère, il s'était engagé dans l'armée. Il ne comprenait donc pas pourquoi la tension inconsciente continuait. Je lui expliquai alors qu'en s'engageant dans l'armée il n'avait rien réglé, que bien au contraire, il continuait à entretenir le système. Il avait simplement choisi une autre « mère », tout aussi contraignante et dominatrice, avec laquelle il lui fallait continuer à obéir. Or il venait de quitter l'armée. C'était donc le moment idéal pour comprendre et changer. Steve fut très marqué par notre conversation et y travailla personnellement. En quelques jours, il réussit à changer complètement sa coiffure. Ses cheveux pouvaient maintenant être coiffés vers l'arrière et tenaient ainsi sans aucun problème.

Les acceptations/transformations

Je pense ici au cas d'un ami que je connaissais depuis plusieurs années. Il avait beaucoup de problèmes personnels et n'arrivait pas, notamment, à trouver du travail. Bien qu'étant une connaissance, il n'était pas client du salon. Cette personne portait des cheveux coupés très court, comme un petit garçon, avec une mèche « à la Tintin ». Il traversait une phase très difficile dans sa vie, et même son visage reflétait une grande tristesse. Je lui proposai alors de lui offrir sa coiffure et un travail sur ses cheveux. Je lui suggérai même un flash blond pour donner plus de luminosité à ses cheveux. Il fut d'accord et nous prîmes rendez-vous au salon.

Ma coloriste lui fit son flash et je modifiai complètement sa coupe de cheveux en les ramenant en arrière, ce mouvement ne pouvant que mieux convenir aux traits de son visage, ainsi qu'à sa silhouette. De plus, cette coiffure mit en valeur les reflets blonds que nous venions de lui faire. Je lui expliquai aussi tout ce que son ancienne coiffure signifiait et à quel point elle était représentative de sa difficulté à être lui-même et à avoir confiance en lui. Il lui fallait donc chercher à cacher, à compenser cela. Il avait choisi la coiffure d'un héros mais aussi d'un enfant (refus de grandir et d'affronter le monde). Il comprit et accepta instantanément le message. Il se plaisait dans sa nouvelle coiffure et se sentait à nouveau prêt à affronter la vie avec tonus. Le lendemain, par hasard, il rencontra un ami qui le trouva en pleine forme et qui, apprenant sa situation, lui proposa un travail. Il ne manqua pas de m'appeler pour me faire part de ce « hasard » et de sa joie.

Un autre cas de transformation étonnant fut celui d'Evelyne. Cette jeune femme est venue me voir parce qu'elle perdait ses cheveux depuis une dizaine d'années. Ses cheveux étaient effectivement extrêmement fins et laissaient voir son cuir chevelu. Je lui proposai un entretien préalable au travail sur ses cheveux en lui demandant ce qui s'était passé dans sa vie dix ans plus tôt. Elle fut étonnée de ma question, puis avoua qu'à l'époque, elle avait été quittée par son ami. Cette séparation avait été vécue comme une trahison qui n'était manifestement pas oubliée, car une intense émotion remontait dans sa voix quand elle en parlait. Je l'encourageai à exprimer son ressenti et lui conseillai vivement de revivre cette séparation, soit en la visualisant, en l'imaginant à nouveau, soit en utilisant des techniques de relaxation qu'elle connaissait. Je lui expliquai en effet que, tant qu'elle n'aurait pas libéré les mémoires traumatiques qu'elle gardait dans son inconscient, qu'elle continuait à porter en elle, elle continuerait à perdre ses cheveux, c'est-à-dire qu'elle chercherait ainsi à se défaire de ces « racines désagréables ». Elle accepta l'idée.

Je lui expliquai alors ce que nous allions faire sur ses cheveux. Nous allions tout d'abord les couper à mi-longueur, pour leur redonner de la force et pour l'aider à éliminer les mémoires qu'ils contenaient. Au cours de la coupe, effectuée bien entendu au rasoir, elle sentit la vibration de la lame descendre dans son cuir chevelu, mais aussi sur toute la longueur de sa colonne jusqu'au sacrum, c'est-à-dire jusqu'à la racine. Je lui conseillai aussi un traitement antichute en complément et lui demandai de revenir me voir cinq semaines plus tard. À son retour, je pus constater que ses cheveux repoussaient et avaient repris de la vigueur. Nous continuâmes le travail et je les lui coupai à nouveau un peu plus court pour finir d'éliminer les anciennes mémoires. Je lui demandai alors si elle avait pu faire le travail d'évacuation que je lui avais conseillé. Elle reconnut ne pas avoir fait de travail particulier, mais, en revanche, elle m'avoua qu'elle avait fait, dans les jours suivant la séance, un rêve extrêmement significatif dont elle s'était réveillée en criant : « Tout est fini, je ne veux plus vous voir... » Son rêve concernait son exami et son ancienne belle-famille. Grâce à ce rêve, elle avait pu évacuer tout ce qui était à la base de sa chute de cheveux.

Deux mois après, je lui ai coupé une dernière fois les cheveux très court. Aujourd'hui, elle est heureuse car ses cheveux sont magnifiques et, surtout, on ne voit plus son cuir chevelu, ce qui était devenu pour elle une douloureuse obsession.

Les peurs et les mémoires viscérales en rapport avec l'identité

Les peurs viscérales en relation avec l'identité et l'intégrité de l'être sont celles qui ont l'action la plus profonde sur le cheveu, car elles portent directement atteinte à l'Énergie de l'Eau. C'est pour cette raison qu'elles produisent parfois des effets spectaculaires et rapides sur notre chevelure. Les quelques cas que nous allons citer ci-après vont tenter d'illustrer cette puissance.

Le premier cas auquel je pense est celui de Mme B., de Quimper. Cette jeune femme est venue me voir il y a de cela plusieurs années, car elle avait perdu tous ses cheveux et même tout son système pileux (cils, sourcils et poils !). Elle venait me consulter afin que je lui conseille quelqu'un, à Paris, susceptible de lui réaliser une belle perruque. Je lui donnai le renseignement souhaité, mais lui proposai de parler un peu de ce qui s'était passé. Elle me confia alors son histoire. Mère de deux enfants, elle était enceinte de plusieurs mois et habitait une résidence constituée de plusieurs immeubles. Le sien se trouvait être le plus éloigné au fond du parc qu'elle devait traverser tous les jours. Un jour, elle fut suivie par un homme qui monta avec elle dans l'ascenseur et tenta de la violer. Elle put fort heureusement échapper à la tentative, mais fut profondément marquée par l'événement. Son intégrité physique et morale avait été touchée au plus profond d'elle-même. La peur qu'elle ressentit alors fut extrêmement violente et suivie d'un sentiment d'insécurité permanent et d'une chute spectaculaire de ses cheveux tout d'abord puis, quelques jours après, de tout son système pileux. La violence de la perturbation énergétique avait débordé complètement du Principe de l'Eau et avait aussi attaqué les autres Principes. Je ne connaissais pas encore à l'époque toutes les techniques qui permettent de libérer les mémoires traumatiques, ce qui est dommage car nous aurions pu gagner beaucoup de temps. Je l'ai donc suivie pendant longtemps et il fallut plusieurs années pour qu'elle puisse éliminer son traumatisme et que ses cheveux repoussent. Aujourd'hui, tout est rentré dans l'ordre et la perruque est bien lointaine.

Le deuxième cas auquel je pense est celui de Mme T., une cliente à qui je coupe régulièrement les cheveux. Elle me confie que, depuis un certain temps, elle perd beaucoup de cheveux. Nous sommes en novembre et elle fait ce constat depuis le mois de juillet précédent. Je lui demande alors ce qui s'est passé en avril ou en mai. Devant son air surpris, je lui explique qu'un cheveu qui tombe aujourd'hui est mort en général depuis soixante à quatre-vingt-dix jours et qu'il faut donc remonter à cette époque. Après réflexion, elle découvre que cela coïncide avec le moment où elle a appris que son souhait d'adopter un petit garçon ne pouvait se réaliser, alors que toutes les démarches avaient été faites. Le choc a été très violent pour elle et elle s'est sentie atteinte dans son identité de mère potentielle. Je lui fais alors prendre conscience du fait que la chute de ses cheveux provient du choc occasionné par la mauvaise nouvelle, car cela a grandement fragilisé son énergie.

Elle est partie pour le Brésil et a finalement réussi à ramener cet enfant tant désiré. Elle revint me voir et je lui demandai des nouvelles de sa vie avec son enfant. « J'ai très peur car je suis italienne et mon mari est français. Nos lois sur l'adoption sont différentes et ici je risque de me faire enlever mon enfant », me répondit-elle. Étant donné qu'elle vivait à nouveau dans un climat d'angoisse permanente, la chute de ses cheveux ne pouvait que reprendre de plus belle. Nous avons longuement parlé ensemble et j'ai réussi à la rassurer. Son problème personnel demeure, bien sûr, mais elle a compris les niveaux où elle agissait et ses cheveux vont beaucoup mieux.

Le dernier cas que je voudrais citer ici est celui de Mme L., chez qui notre travail a produit des effets étonnants. Début septembre 1995, cette personne téléphone au salon pour que je la coiffe rapidement. Bien que complet pour plusieurs jours, je ressens dans son appel une certaine angoisse et je lui propose un rendez-vous pour le jeudi, en lui précisant que je devrai la faire patienter.

C'était la deuxième fois que je coiffais Mme L. et je lui demande donc ce qui s'est passé après la première coupe. « Beaucoup de choses... », me dit-elle ; « j'ai d'ailleurs failli vous appeler... » Je l'invite à poursuivre. « Une heure après vous avoir quitté, mon index droit est devenu tout noir, des petits vaisseaux avaient éclaté et je n'ai pu me servir de ce doigt pendant plusieurs jours. Or je suis professeur et cela m'a bien handicapée.» Manifestement, Mme L. ne comprend pas ce qui lui est arrivé. «De plus, dit-elle, le lendemain matin, mes règles sont venues alors que ce n'était pas du tout la date. Je n'y comprends rien... Et pourtant, lorsque j'ai quitté votre salon la dernière fois, je me suis sentie rajeunie!»

Je lui propose alors de réfléchir avec elle sur ce qui s'est passé et quel peut être le sens à donner à ces manifestations apparemment sans logique. Elle accepte et je lui demande alors son âge. «47 ans», me répond-elle. «Très bien. Était-ce votre âge lorsque vous êtes sortie de chez moi l'autre jour?» Elle me répond spontanément: «En fait non.» «Quel âge aviez-vous alors?» «Je me sentais si bien que j'avais l'impression d'avoir 35 ans», me dit-elle. Je lui demande aussitôt ce qui s'est passé dans sa vie lorsqu'elle avait 35 ans. Elle réfléchit quelques instants, puis me confie : «C'est l'âge où j'ai pris pour compagnon un homme qui m'a complètement étouffée, qui a annihilé ma vie de femme...»

Je lui propose alors de faire le lien avec les manifestations physiques qu'elle a eues après sa première coupe de cheveux. Je lui explique tout d'abord que le méridien énergétique qui passe dans les index est celui du Gros-Intestin, c'est-à-dire celui d'un organe qui sert à évacuer les choses. De plus, c'est son index droit qui a été touché. Le côté droit est celui du féminin et de la féminité. Elle a manifestement éliminé quelque chose qui ne lui convenait pas et qui concernait sa féminité. Le deuxième phénomène a été le déclenchement de son cycle menstruel. Il n'y a pas de plus claire expression de la féminité, du fait d'être femme, et c'est, de plus, le signe de la fin d'un cycle. Mme L. venait donc certainement de boucler un cycle. Tout ce qu'elle m'avait confié sur l'époque de ses 35 ans corroborait parfaitement tout cela. Le travail fait sur ses cheveux, et notamment la coupe au rasoir et la mise en mouvement des cheveux et de leurs racines, ont mobilisé des mémoires inscrites en elle, parmi lesquelles celle d'une profonde atteinte à son identité et à sa féminité. Elle fut ravie de l'analyse et comprit parfaitement le message.

Deux semaines plus tard, j'accueillis une nouvelle cliente qui me dit venir de la part de Mme L. Je lui demandai alors de ses nouvelles. « Le lendemain de sa visite chez vous, elle a fait un eczéma sur tout le visage », me dit-elle. « Je pense qu'elle vient de finir le travail de libération des mémoires et de reconquête de son identité », lui dis-je alors. En effet, le visage est la représentation symbolique de l'identité. C'est d'ailleurs sa photo que l'on met sur les papiers d'identité. L'eczéma touche la peau de la personne, c'est-à-dire l'enveloppe qui la protège du monde extérieur. Mme L. venait de faire tomber les dernières barrières de protection qu'elle avait inconsciemment mises en place pour se défendre.

Ce cas remarquablement intéressant montre à quel point le travail sur le cheveu peut être puissant parfois. Mais cela suppose que le fruit soit mûr, comme disent les Orientaux. Une simple pichenette contre la branche suffit à le faire tomber. En revanche, lorsqu'il est vert, il faut secouer tout l'arbre et, malgré cela, il ne tombe pas toujours.

Les mémoires traumatiques de l'enfance

Les mémoires de l'enfance peuvent être fortement inscrites en nous, au point d'avoir une action sur notre corps et la manière dont celui-ci « grandit ». En ce qui concerne le cheveu, elles ont une action très forte car celui-ci est porteur de nos mémoires. Les cas que nous allons citer illustrent parfaitement cela.

Le premier cas est celui d'une jeune femme d'une trentaine d'années, qui est venue au salon suite à ma première conférence parisienne. Après l'avoir fait installer, je constate qu'elle a peu de cheveux et que ceux-ci sont très fins, avec une kératine molle et presque inexistante. Il s'agit là de ce que l'on appelle des « cheveux d'ange » chez les enfants. Je lui décris sa nature de cheveux et lui demande, face à cette texture particulière, si elle comprend ce que cela signifie. « Votre conférence m'a fait prendre conscience du fait que l'état de mes cheveux était lié à ma vie. » Elle poursuit en précisant : « Je suis la dernière-née d'une famille de huit enfants et les aînés sont beaucoup plus âgés que moi. Mes parents, mes frères et mes sœurs m'ont toujours appelée "le bébé" jusqu'à ce que j'aie douze ans. J'ai dû batailler dur pour qu'ils arrêtent et même aujourd'hui cela leur arrive encore. »

Cette jeune femme suit une thérapie et nous avons travaillé ensemble sur son problème et la relation avec ses cheveux. Après deux coupes, ils sont complètement transformés, ainsi que son comportement d'ailleurs. Son entourage s'est aperçu non seulement du changement de ses cheveux, mais aussi de la modification de sa manière d'être. Elle a retrouvé confiance en elle et s'est donné le droit de grandir.

Le deuxième cas qui me vient à l'esprit est celui de Sophie. Cette jeune femme est venue au salon après avoir assisté à l'une de mes conférences. Son problème résidait dans le fait qu'à chaque fois qu'elle se faisait faire une permanente, elle était trop frisée. Cet inconvénient était apparu dès la première fois. Je l'interroge alors sur ce que les cheveux frisés représentent pour elle. À quoi associe-t-elle cette frisure ?

Elle me confie alors que, dans son enfance, elle était admirative et envieuse des beaux cheveux bouclés de sa sœur aînée, tandis que les siens étaient désespérément raides. Son souhait était d'avoir une chevelure identique à celle de sa sœur. À l'âge de sept ou huit ans, sa mère décide de lui offrir sa première permanente. Sophie est tout heureuse, mais, de retour de chez le coiffeur, tout le monde rit et l'appelle « le clown ». La coupe de cheveux un peu courte et une permanente trop frisée lui donnaient un visage, une tête de clown. Sophie a énormément souffert de ces moqueries et son inconscient les a enregistrées en profondeur. Aussi, chaque fois qu'elle essaie de faire une permanente, elle retrouve la frisure excessive de la première. Nous avons travaillé ensemble afin de déprogrammer cette mémoire. Nous y sommes parvenus et aujourd'hui tout va bien.

Le troisième cas que je souhaite exposer est celui de Mme B., qui est venue vers moi pour que je lui trouve « un nouveau style » et que je lui apprenne à se maquiller. Ses cheveux sont tirés en arrière et retenus par un catogan. Après un entretien préalable, la décision est prise de lui couper les cheveux et de leur redonner de la souplesse par une mini-vague.

Je lui fais donc sa coupe, puis je la confie à ma collaboratrice Carole qui va s'occuper de sa minivague. Lorsque le travail est terminé, j'installe la cliente dans mon fauteuil et je constate avec surprise que la minivague n'a pas pris. Je présente toutes mes excuses à la cliente et lui propose de recommencer une autre fois. Un nouveau rendez-vous est pris. Je confie à nouveau le travail à Carole, mais je surveille chacune de ses interventions et notamment celle du degré de frisure. Tout me semble correct. Je fais rincer puis installer la cliente. Arrivée à mon fauteuil, force m'est de constater que, de nouveau, la frisure n'existe plus. Très ennuyé, je présente de nouveau mes excuses à la cliente et lui offre un troisième rendez-vous au cours duquel je m'engage à m'occuper d'elle personnellement.

Pour cette troisième tentative, je prends en charge l'enroulage, le degré de frisure et la fixation. Je réalise moi-même toutes ces opérations et tout se passe bien. Mais au rinçage final, à nouveau il n'y a plus de frisure ! Je n'y comprends plus rien. La seule explication qui reste est celle du blocage émotionnel. Je me décide donc à interroger ma cliente. Au premier abord, celle-ci ne voit rien qui puisse être en relation avec ses cheveux et leur frisure. Je la fais réfléchir et rechercher alors dans son enfance. Elle a aussitôt un flash et me confie : « Lorsque j'étais petite fille, ma mère et mes sœurs me répétaient constamment que les cheveux frisés ne m'iraient pas. » Or les relations familiales étaient très fortes. Son inconscient avait enfoui cette information négative et, devenue adulte, cette femme continuait à porter l'interdit en elle : elle ne pouvait pas avoir de cheveux frisés, puisque l'autorité suprême lui avait dit que cela ne lui irait pas. La prise de conscience de ce frein fut suffisante pour elle. La minivague suivante fut parfaitement réussie et elle a découvert avec plaisir que les cheveux souples lui allaient fort bien.

Le dernier cas que je voudrais citer est celui de Mme P. Cette dame me téléphone au lendemain d'une conférence et me dit : « Depuis hier soir, j'ai mal aux cheveux, j'aimerais venir vous voir rapidement... » Nous prenons rendez-vous et lorsqu'elle arrive, elle me confie aussitôt : « Je n'ai pas osé vous le dire au téléphone, mais en rentrant de votre conférence, je me suis mise à pleurer et pendant plus d'une heure, j'ai crié : "Non je ne veux pas, non je ne veux pas." En même temps, je revivais une scène de mon enfance. J'ai eu aussi très mal à la tête. »

Je demande alors à la cliente où elle avait eu mal et elle m'indique très précisément le trajet d'un méridien énergétique qui est celui de la Vésicule Biliaire. Cette femme portait une coiffure de petite fille avec les côtés attachés par des barrettes et un nœud sur la nuque. Il était clair que je devais lui couper les cheveux et remodeler l'ensemble. Je l'invite à se détendre, à laisser aller les choses, sachant que son inconscient me guiderait jusqu'à la bonne longueur. La coupe terminée, elle fut très heureuse du résultat. Son visage semblait libéré et ses traits avaient rajeuni. Elle me confia alors la scène qui l'avait complètement bloquée, bien que cela ne la concernât pas au premier chef puisqu'elle impliquait son frère et sa sœur aînés. Elle avait assisté à une scène où ceux-ci apprirent qu'ils allaient être mis en pension. Cet événement avait créé un blocage, car elle le vécut comme une trahison des parents et un abandon, se disant inconsciemment que « grandir, c'est devoir partir et abandonner ». Les Énergies de la Vésicule Biliaire (sentiments et affects, sens de la justice) furent fermées sur les côtés de la tête et sur la nuque. La réactivation de la mémoire avait déclenché ce fameux mal de tête, ainsi que les pleurs qu'elle avait retenus à l'époque. Le surlendemain de la coupe, je reçus une lettre de trois pages dans laquelle cette femme me disait tout ce qu'elle avait décidé d'entreprendre. Elle me confiait aussi qu'elle s'était accordé le droit d'aller au restaurant, de se faire maquiller en institut, etc. Elle revendiquait enfin, à 57 ans, le droit d'être femme et heureuse.

Les mémoires castratrices

Les mémoires de type « castration » de la personnalité datent souvent de l'enfance et sont souvent le résultat de vécus qui ont été imposés par la sphère parentale (parents, enseignants, maîtres, etc.). Ces situations ont été vécues (à tort ou à raison) de façon contraignante, voire traumatisante, au point de laisser une empreinte profonde dans la psychologie de l'individu. Ce genre de traumatisme se marque également en général d'une façon très claire dans le cheveu. Les deux cas que je vais exposer ci-après sont particulièrement représentatifs de ces mémoires.

Le premier cas est celui de M. Cette femme d'une quarantaine d'années est venue au salon à la suite d'une conférence. Elle possède une épaisse chevelure, d'un très beau blond vénitien et bouclée par endroits. Ses cheveux sont coiffés de manière à tomber sur ses épaules et ils sont retenus par deux barrettes. Après m'être inquiété de sa demande, elle me confie : « Je ne peux rien faire de mes cheveux tant ils sont difficiles à coiffer. C'est au point que je suis obligée de les attacher. »

Je lui propose alors de réaliser une coupe en gardant une certaine longueur avec un dégradé pour régulariser sa frisure. Me voyant préparer mon rasoir pour la coupe, la cliente me dit alors : « Cela me rappelle un mauvais souvenir. Après ma communion, mon père a coupé mes anglaises. Il a ce jour-là pris un rasoir et a coupé mes beaux cheveux frisés. De plus, pendant tout le temps où il a fait cela, il a maugréé sans arrêt. Cela me faisait mal. J'étais en plus très contrariée. Ma mère m'avait effectivement dit qu'après ma communion, elle me ferait couper les cheveux. Cependant, dans ma tête d'adolescente, je pensais que j'irais chez le coiffeur et que j'en ressortirais toute belle, comme une vraie jeune fille. Après cette coupe paternelle, ma mère a continué à me couper les cheveux jusqu'à l'âge de vingt ans. À vingt-cinq ans, j'ai commencé à travailler et j'ai décidé de laisser repousser mes cheveux, que j'avais jusqu'alors toujours dû porter court. Je les ai à cette longueur depuis. »

Après toute cette explication, je réalise ma coupe au rasoir. Cela ne lui faisait pas mal, mais elle avait manifestement peur car ses mauvais souvenirs étaient remontés à la surface. Je termine mon travail en mettant en valeur les boucles autour de son visage et en montrant combien ses traits avaient changé. Ses cheveux n'ont plus le même aspect et je les lui fais toucher pour qu'elle sente bien la différence. La cliente a alors éclaté en sanglots car elle venait de découvrir, et sans doute de se redonner, sa féminité. Elle put à ce moment-là me décrire ce qu'elle avait ressenti lorsque son père lui avait coupé les cheveux. Ce fut pour elle comme une castration, une véritable amputation car il avait tué en elle la jeune fille naissante et toute sa féminité encore fragile. Dès qu'elle entra dans la vie active, elle devint indépendante financièrement. En réaction au monde masculin, elle se laissa pousser les cheveux. Comme la société dans laquelle elle travaillait était à majorité masculine, elle se servait de ses cheveux longs comme d'une protection et d'une expression de son identité. Elle n'avait cependant pas conscience que cette réaction les rendait eux-mêmes rebelles au coiffage et l'obligeait à son tour à les « castrer » en étant obligée de porter des barrettes. Depuis qu'elle a compris et accepté tout cela, sa nouvelle coiffure lui est facile et elle découvre avec bonheur, à 45 ans, la vie et la vraie liberté.

Le deuxième cas est celui de M. L. Ce monsieur m'a été adressé par un thérapeute. Il s'est présenté au salon un après-midi et, dès son arrivée, j'ai décelé en lui un certain repliement sur lui-même. Je l'installe dans son fauteuil et commence sa lecture de coupe : raie à gauche, mèche tombante sur le front et cheveux très plaqués. À la vue de sa mèche, un peu lourde, je lui demande s'il a des problèmes particuliers avec la gent féminine, une entreprise ou, plus globalement, avec le féminin. « Non, dit-il. D'ailleurs, le droit n'est-il pas en rapport avec le masculin ? »

Je lui explique que, dans tout ce qui est virtuel, non créé, le rapport avec les latéralités est effectivement gauche-mère et droite-père, mais que, dans le réel, le créé, ce qui est physiquement manifesté, c'est l'inverse. La droite est alors en rapport avec la mère et la gauche avec le père. Après ces quelques explications, je commence la coupe en faisant pivoter ses cheveux dans tous les sens pour les libérer, pour libérer tout ce que leur placage pouvait emprisonner. Quelques instants plus tard, il me dit : « Je viens de repenser à une scène qui s'est déroulée alors que j'avais 4 ou 5 ans. » Je l'incitai à m'en dire un peu plus, s'il n'y voyait pas d'inconvénient bien entendu. Le client me retraça alors la scène suivante : « Je suivais des cours de danse avec ma sœur et, un jour, mon oncle et mon père m'ont surpris alors que j'avais enfilé le tutu de ma sœur. Mon père, furieux, m'a battu et m'a interdit de continuer la danse. Ce n'est pas pour les garçons, m'avait-il dit. »

J'expliquai à mon client qu'à partir de ce moment-là, il avait totalement repoussé, enfoui, le côté féminin en lui. La mèche vers la droite cachait ce côté droit devenu honteux. Je lui fis même remarquer que son œil droit était d'ailleurs légèrement plus fermé que le gauche. Il m'avoua que c'était exact et que cet œil n'avait que 2/10e d'acuité.

Après qu'il se fut libéré de ce souvenir qui l'avait énormément marqué, j'ai continué ma coupe et ses cheveux ont, comme par enchantement, complètement changé de côté. Ils sont allés d'eux-mêmes se placer naturellement vers la gauche. Le client fut stupéfait mais je le fus autant que lui, car j'étais réellement surpris de constater la manière dont ses cheveux s'étaient placés d'eux-mêmes.

Les chutes de cheveux

Les chutes de cheveux sont en général liées à la perte ou à la peur de perdre quelque chose d'important dans notre vie. Il peut s'agir d'un être cher, d'un travail, mais aussi de la perte ou de la peur de perdre quelqu'un dans le sens où cette personne vous quitte, vous laisse, vous abandonne. Lorsque ce genre de situation traumatise un individu, celui-ci est touché dans ses structures profondes. Le Principe de l'Eau est alors fragilisé et, si le choc est important, la chute des cheveux peut même être très rapide et ne pas attendre la période habituelle de un à trois mois nécessaire à un cheveu pour mourir.

Le premier cas que je voudrais citer pour illustrer cela est celui de Mme C. Cette cliente était venue me voir parce qu'elle avait un cheveu mou et qu'elle avait eu une chute abondante de cheveux dix années plus tôt. Depuis cette date, ses cheveux n'avaient jamais repoussé correctement et son crâne était clairsemé.

J'ai proposé à Mme C. de réfléchir sur ce qui s'était passé dans sa vie il y a dix ans. Après réflexion, la cliente me confia que c'était l'époque où son ami avait été muté en province. « Comme j'avais peur de le perdre, me dit-elle, j'ai arrêté mes études pour pouvoir le suivre. Malheureusement, je ne me plaisais pas du tout en province et nos disputes devinrent de plus en plus fréquentes. J'avais peur de le perdre et c'est finalement lui qui est parti. Je suis alors revenue à Paris pour reprendre mes études et c'est à ce moment que j'ai constaté que mes cheveux tombaient.»

Je lui explique comment la « perte » de quelqu'un peut générer ce genre de réaction au niveau du cheveu et je lui propose une coupe adaptée à son problème. Parallèlement à ce diagnostic de chute, je lui conseille de faire un travail d'acceptation de cette situation, voire de pardon. Au moment où je lui faisais sa coupe sur le dessus de la tête, en utilisant les vibrations tonifiantes du rasoir, la cliente réagit avec force. Elle venait en effet de ressentir comme « un voile qui se déchirait » en elle. Or cela se produisit alors que je faisais vibrer les cheveux sur le méridien énergétique de la Vessie, qui est celui qui gère les vieilles mémoires. Elle venait de libérer certaines d'entre elles. Elle fit le travail que je lui avais conseillé et le résultat ne se fit pas attendre. Ses cheveux repoussèrent rapidement. Ils sont redevenus vigoureux et beaux, et son crâne est de nouveau entièrement couvert.

Le deuxième cas auquel je pense ici est celui d'une autre cliente qui m'avait aussi été adressée pour une chute de cheveux. Cela durait depuis quinze ans et cette personne n'arrivait pas à retrouver ses cheveux « d'avant ». Je l'interrogeai pour savoir ce qui s'était passé dans sa vie à cette époque-là. « Rien de spécial... », me répondit-elle. « Ah si ! Je me suis mariée ! », se rappela-t-elle subitement. Je lui demandai alors ce que son mariage avait représenté pour elle. Sa réponse fut directe et édifiante : « Pour moi ? La perte de ma liberté ! » Je l'amenai à prendre conscience du lien qui pouvait exister entre ce vécu et la perte de ses cheveux. Rappelons-nous que le cheveu est le porteur de nos mémoires et de nos croyances. Manifestement, pour cette cliente, la liberté était quelque chose de fondamental dans sa vie. La perte de celle-ci (réelle ou imaginaire) avait « percuté » si fort son inconscient qu'elle s'était mise à avoir des cheveux tristes, sans éclat (comme elle depuis cette époque) et qui tombaient, c'est-à-dire qu'elle les perdait, comme elle avait perdu cette liberté à laquelle elle tenait tant.

Comme elle devait commencer une thérapie, je l'engageai fortement à travailler cela avec son thérapeute. Il était essentiel pour elle de changer cette mémoire qui l'avait excessivement marquée. Ce changement serait le déclencheur absolument nécessaire à la repousse de ses cheveux.

Conclusion

Couronne capillaire, crinière au vent ou cheveu fin, le cheveu est donc un fil fragile et puissant. Partant de notre tête, il nous relie au Ciel, mais, enraciné en nous, il nous relie aussi à la Terre. Ce lien subtil et fort est beaucoup plus qu'un simple ornement ou qu'un accessoire de mode ou de séduction. Il est ce fil de l'âme qui nous relie à nous-mêmes, à nos racines, et qui peut si souvent nous parler de nous. Nous devons donc le respecter et prendre en compte sa dimension profonde. De la qualité des soins que nous lui prodiguerons vont dépendre sa santé et sa beauté. De la qualité d'écoute dont nous ferons preuve à son égard va dépendre notre capacité à savoir rapidement ce qui se passe en nous. Mais comme avec tout autre interlocuteur, pour pouvoir le comprendre, il faut certes l'écouter, mais il faut aussi comprendre sa langue.

Le propos de cet ouvrage a été de nous « dégrossir » à ce sujet. Nous espérons vous avoir donné l'envie et la possibilité de mieux vous lire, de mieux vous comprendre. Il est vrai que vous aurez parfois besoin d'un interprète pour vous aider à mieux traduire ce que vos cheveux vous diront. Mais au moins saurez-vous qu'ils vous parlent et que les signaux qu'ils émettent ne sont pas sans signification, ou déconnectés de votre globalité psychologique ou physiologique. Ce sera déjà un grand pas fait en avant. Nous espérons aussi qu'après la lecture de ce livre, vous ne donnerez plus jamais de la même manière votre tête à coiffer.

Table

Si vous souhaitez être tenu au courant des activités,
stages ou formations proposés par les auteurs,
vous pouvez contacter :

Rémi Portrait
7, rue du Mont-Thabor
75001 Paris
Tél. : 01.42.60.64.34

Michel Odoul
Institut Français de Shiatsu
Et de Psychologie Corporelle Appliquée
106, rue Monge
75005 Paris
Tél. : 01.45.87.83.17

La composition de cet ouvrage
a été réalisée par I.G.S. Charente Photogravure,
à l'Isle-d'Espagnac,
l'impression et le brochage ont été effectués
sur presse Cameron dans les ateliers
*de **Bussière Camedan Imprimeries***
à Saint-Amand-Montrond (Cher),
pour le compte des Éditions Albin Michel.

Achevé d'imprimer en juin 2002.
N° d'édition : 20834. N° d'impression : 022839/4.
Dépôt légal : juillet 2002.
Imprimé en France